Los Hechos

José Young

Ediciones Crecimiento Cristiano

©1977 **Ediciones Crecimiento Cristiano**
 Título: Los Hechos
Autor: José Young
Primera edición: 8/77
Edición actualizada: 7/94
Última edición: 4/05
ISBN 950-9596-30-2
Clasificación:

Diseño de Tapa: Ana Ruth Santacruz
Corrección: Michelle Sommerville

Impreso en los talleres de:
Ediciones Crecimiento Cristiano
Córdoba 419
5903 Villa Nueva, Cba.
Argentina

oficina@edicionescc.com
www.edicionescc.com

IMPRESO EN ARGENTINA
MB4

Introducción

Al estudiar el libro de Los Hechos, no lo haremos capítulo por capítulo, sino que dividiremos el libro por temas. Aclaramos también que éste no será un estudio minucioso.

Mejor, buscaremos responder a preguntas como éstas: ¿Cómo nació la iglesia? ¿Cómo vivían los primeros cristianos? ¿Cómo comenzó la obra misionera? ¿Qué problemas tuvieron que enfrentar, y cómo los resolvieron?

Al estudiar las parábolas de la semilla en los Evangelios, vemos cómo esa semilla, la Palabra de Dios, fue sembrada. Ahora en Los Hechos veremos cómo brota a la vida y cómo la nueva planta crece y comienza a tomar forma.

El estudio está basado mayormente en la versión Reina-Valera (RV) de la Biblia, aunque recomendamos la utilización de otras versiones durante su desarrollo. La Nueva Versión Internacional es también una buena versión para este estudio. Puede haber referencias a otras versiones en la guía, como por ejemplo:

VP = Versión Popular
NBE = Nueva Biblia Española
BJ = Biblia de Jerusalén
NVI = Nueva Versión Internacional

Indice de lecciones

Bibliografía

El comentario que sugerimos para este estudio es *Los Hechos de los apóstoles*, por Ernesto Trenchard.

1   *Trasfondo*

Las dos primeras lecciones las dedicaremos a la introducción del libro de Los Hechos. Debemos tratar de conocer al autor y saber el propósito que tuvo al escribir el libro. También en esta lección prepararemos un Cuadro que resuma el contenido de todo este libro.

Autor

Aunque el libro no menciona el nombre del autor, casi todas las personas que han hecho un estudio de los datos, desde el segundo siglo en adelante, confirman que es Lucas, el autor del tercer evangelio..

1 Busque los siguientes versículos, y anote qué nos dicen en cuanto a Lucas: Colosenses 4:14, Filemón 24 y 2 Timoteo 4:11.

Es importante notar que los eruditos de la lengua griega afirman que Los Hechos contiene muchos términos médicos.

2 Aunque Lucas normalmente escribe en tercera persona (habla de "él, ellos") hay tres grupos de pasajes donde utiliza el pronombre "nosotros" (ver 16:10-18, 20:5-21:17, 27:1-28:16). ¿Qué importancia tiene esta observación en nuestro estudio de Los Hechos?

Fecha

Aunque el libro tamPoco lleva fecha, hay un dato histórico que nos ayuda a tener una idea de cuándo fue escrito. En el año 64 hubo un incendio en la ciudad de Roma que destruyó casi la mitad de la ciudad. El emperador, Nerón, culpó a los cristianos del siniestro, y comenzó una corta, pero severa persecución contra ellos durante la cual muchos fueron torturados y otros muertos.

3 Observe la terminación del libro de Los Hechos. ¿Cuándo le parece que fue escrito el libro, antes o después del año 64? Explique su respuesta.

4 ¿Es un dato importante o indiferente saber la fecha en que un libro histórico fue escrito?

Propósito

En cuanto al propósito del libro, la situación es más clara, porque Lucas lo explica. Pero primero, es importante hacer una observación.

5 Haga una comparación entre los primeros versículos del evangelio de Lucas, y también los primeros del libro de Los Hechos, e indique por lo menos tres Cosas que comprueban que Los Hechos es una continuación de ese evangelio:
a]

b]

c]

Aunque el evangelio de Lucas y el libro de Los Hechos están separados en nuestras Biblias, realmente deberían estar juntos. Es por eso que podemos utilizar la introducción del evangelio para que nos ayude a entender los propósitos de Lucas en escribir ambos libros. Busque Lucas 1:1-4.

6   Mencione las razones que da Lucas para escribir estos libros:
   a]

   b]

7   Según Lucas, ¿de dónde recibió su información?

Los historiadores afirman que el Nuevo Testamento tal como lo conocemos actualmente no fue escrito en una misma fecha. Circulaban entre las iglesias el conjunto de los evangelios, llamado "El evangelio". Y a la vez, circulaba otro conjunto de libros llamado "La epístola", que contenía las cartas de Pablo. El libro de Los Hechos proveyó el eslabón necesario entre los dos, tal como lo tenemos en el día de hoy. En cierto sentido es la continuación del evangelio, pero a la vez provee trasfondo e información sin las cuales sería muy difícil entender mucho de lo que contienen las Epístolas. Un ejemplo muy sencillo: ¿Qué sabríamos acerca del apóstol Pablo si no fuera por Los Hechos?

El cuadro de contenido

Vamos a trabajar con los subtítulos que encontramos en Los Hechos, versión Reina Valera de la Biblia. Nos proveen una manera de analizar el contenido de este libro utilizando varios factores..

8   ¿Cuántos párrafos, o unidades, hay en el Cuadro de Contenido de Los Hechos (página 110)?

Personajes

El primer dato de importancia que averiguamos con la ayuda del Cuadro de Contenido son las personas que aparecen en este libro. Vamos a buscar en cada párrafo el, o los personajes que predominan. Habrá ocasiones en que aparece más de una persona, como por ejemplo, Pablo junto a Bernabé, pero es evidente que Pablo es el centro del relato. Apunte en la columna 4 del Cuadro de Contenido la letra apropiada para cada persona o grupo según ésta lista.

9 Anote en el cuadro de esta página el número de veces que predomina esa persona o grupo en todo el libro de Los Hechos.

—> Pregunta 9

Letra	Personaje	Número
A	Los apóstoles (el grupo).	
I	La iglesia, es decir, un grupo de cristianos formados en una congregación.	
P	Pedro.	
S	Pablo (Saulo).	
O	Otro evangelista o misionero.	
—	Ninguno de estos.	

10 Comparando los resultados de la pregunta 9, la primera conclusión que podemos sacar de estos datos salta a la vista. ¿Cuál es?

11 Hay otro dato interesante. Después del capítulo uno de Los Hechos, ¿cuáles son los apóstoles nombrados?

12 La distribución de personajes en el relato nos da también una idea de la estructura del libro. Por ejemplo, vemos que todos los párrafos, menos uno, que tienen que ver con el *grupo* de apóstoles (los 12), se encuentran en los primeros _____ capítulos del libro. De la misma manera, todos los párrafos, menos uno, que tienen que ver con la iglesia, aparecen en los primeros _____ capítulos.

13 ¿Qué conclusión podemos sacar de la pregunta anterior?

14 En base a esta lección, explique cuál es, según su parecer, el propósito de Lucas al escribir este libro.

15 También en base a esta primera lección, ¿cuál ha de ser nuestro propósito en estudiar este libro?

2 *Esquema del libro*

En esta lección prepararemos un esquema del libro de Los Hechos. Esperamos que usted haya estudiado ya los cuadernos de Génesis y Marcos, y que tenga experiencia en hacer esquemas. Si es así, no le resultará complicado hacer el esquema de este libro.

Veamos primero, algunas formas de bosquejar un libro. La tarea consiste en buscar las maneras en que está organizado el libro, y luego reproducir gráficamente esa organización. En Marcos, la geografía nos da una clave importante. En Génesis, el hecho de que una buena parte del libro trata de personajes destacados, nos da una pauta para dividir el libro. Damos una lista de varias normas que se pueden utilizar para Esta tarea:

1 *Historia*: El libro de historia se desarrolla en un orden cronológico. Narra una serie de sucesos, uno tras otro. Marcos es, en este sentido, un libro histórico, aunque no es una historia completa.

2 *Tópicos*: Muchas de las epístolas del Nuevo Testamento tratan de varios temas, sin que estén necesariamente ordenados. Tito es un buen ejemplo. Un esquema de Tito sería principalmente una lista de los temas que trata.

3 *Lógica*: Un libro donde se presenta un argumento, y lo va desarrollando paso a paso. Tal vez el mejor ejemplo de esto sería Romanos. No podemos estudiar correctamente el capítulo 8 de Romanos sin estudiar primero los capítulos 1 al 7 para ver la primera parte del argumento.

4 *Personajes*: Esta norma se puede aplicar mucho en el Antiguo Testamento. Trata de una persona importante, luego de otra, etc. Esto lo podemos ver en la última parte de Génesis, y también en el libro de Jueces donde trata de un libertador, después otro, y así sucesivamente.

5 *Episodios*: Un ejemplo de esto serían los libros de Reyes, donde se alternan entre los reyes de Israel, los reyes de Judá, y los profetas. Los tres se afectan mutuamente, y la historia se adelanta contando episodios no siempre en un estricto orden cronológico.

1 ¿Cuál de estas clasificaciones describe mejor al libro de Los Hechos? Explique por qué. Y si le parece que representa más de una de estas categorías, dé también sus razones por las que cree que es así.

Vamos a buscar ahora varias maneras de dividir este libro en sus partes principales. El trabajo que hicimos con el Cuadro de Contenido ya nos da una pauta.

2 Repase rápidamente la columna 4 del Cuadro de Contenido. Explique en base a estos datos cómo dividiría el libro en dos partes.

3 Piense en un título para cada una de las partes de la pregunta 2.

Capítulos	Título
1 a	
.....a 28	

Aunque este esquema es correcto, es demasiado breve, y tendremos que buscar otras maneras de dividir el libro. Otra pauta puede ser la geografía, aunque los datos geográficos son mucho más complicados que los que encontramos en Marcos.

Geografía

En la columna 5 del Cuadro de Contenido hay espacio para anotar la información sobre los lugares en que se desarrolla esta historia. En esa columna escriba el nombre de la ciudad, o lugar que se menciona en el pasaje. Si no hay indicación clara en cuanto a lugar, entonces deje el espacio en blanco. Haga primero este ejercicio sólo para los capítulos 1 a 12.

4 Primero notamos al concluir este trabajo, que hay un cambio notable entre los capítulos 1 a 7 y los capítulos 8 a 12. Piense en un título para estas dos partes del libro, y escríbalos aquí:

Capítulos	Título
1 a 7	
8 a 12	

5 Busque en el capítulo 8 las razones del cambio que comienza a partir de allí. ¿Cómo se explica la diferencia entre los capítulos 1 a 7 y los capítulos 8 a 12?

El resultado de la pregunta 4 puede servir como un esquema para la primera parte del libro, pero no hemos tomado en cuenta la introducción. Obviamente el primer párrafo del capítulo 1 es introducción, y parece que todo el capítulo es una preparación para lo que sucede en el dos, es decir, el nacimiento de la iglesia. Agreguemos, entonces, al esquema de la pregunta 4, la introducción:

Capítulos	Título
1	Introducción

Viajes de Pablo

El capítulo 13 no sólo comienza con una larga sección acerca de Pablo, sino que también nos introduce en un aspecto muy particular de Los Hechos, que son los viajes misioneros que él realizó.

6 Busque en el libro, y anote las citas donde se encuentra cada viaje:

Viaje	Citas
Primero	hasta
Segundo	hasta
Tercero	hasta

7 Hay un intervaloentre el primer y segundo viaje.
a] ¿Qué ocurrió en ese intervalo?

b] ¿Qué lo motivó?

8 En el Cuadro de Contenido habíamos dejado en blanco el espacio que corresponde a los viajes misioneros. Trace ahora líneas para indicar la división entre los tres viajes (columna 5), y escriba "primer viaje", "segundo viaje", etc. Incluya también el suceso mencionado en la pregunta anterior.

9 Para nuestro esquema de Los Hechos, podemos unir estos tres viajes bajo un solo título:

Citas	Título

El resto del libro

Hay demasiada información geográfica para incluirlo todo en el espacio que tiene el Cuadro de Contenido para los viajes de Pablo. Por eso, hemos indicado los viajes en forma resumida. Pero al concluir el tercer viaje, las indicaciones geográficas nos ayudan de nuevo a formar el esquema. Indique en la columna 5 los lugares predominantes de ésta *última parte* del libro, es decir, *después del tercer viaje misionero*. Si el párrafo trata de un viaje, sin un lugar específico, ponga V en la columna 5.

Otra vez, estos datos proveen elementos valiosos para nuestro esquema. Al mirar el contenido de la columna 5 de la última parte del libro, podemos notar que está dividido en tres secciones.

10 Indique cuáles son, y ponga títulos a cada una:

Citas	Títulos
a-	
b-	
c -	

El esquema completo

11 Ya que hemos dividido el libro parte por parte, estamos en condiciones de hacer un esquema completo de Los Hechos. Complete el siguiente cuadro con las conclusiones de las preguntas 4, 9 y 10.

Citas	Título
a - 1:1-26	Introducción
b -	

c -

d -

e -

f -

g -

Algunos comentaristas han sugerido que el plan que siguió Lucas para escribir su libro se encuentra en Hechos 1:8. Es decir, que de ese versículo se pueden sacar los elementos para hacer un esquema del libro.

12 Si eso fuera cierto, ¿cómo lo haría?

Por supuesto, ninguno de los dos esquemas que hemos hecho hasta ahora es "perfecto". Si consultáramos varios comentarios, veríamos que cada uno tiene sus propias variaciones, aunque en general, están de acuerdo. Hay diferencias, por ejemplo, entre los resultados de las preguntas 11 y 12, pero no hay conflicto entre las dos. Lo importante es, que por medio del esquema, tengamos una idea del mensaje total del libro, para así eNtender mejor sus partes.

13 Trace ahora líneas en los lugares correctos de la columna 6 del Cuadro de Contenido para dividir las secciones de la pregunta 11, y escriba los títulos con letra mayúscula en los espacios apropiados.
Los Hechos, como todos los libros del Nuevo Testamento, originalmente no llevaba ningún título. Este fue agregado después, según el mejor criterio de los primeros cristianos.

14 Ahora que tenemos una idea más amplia del contenido global del libro, ¿le parece que su título es adecuado o sería mejor otro? ¿Qué título sugeriría usted, y por qué?

15 En base a todo lo que hemos visto en estas *dos* lecciones, explique nuevamente cuál le parece que fue el propósito de Lucas al escribir este libro.

16 ¿Se aclara también con esta lección lo que ha de ser nuestro propósito en estudiar el libro? Explique.

3   *Nacimiento de la iglesia*

Con esta lección vamos a explorar el nacimiento de la iglesia, y dedicaremos la siguiente a la vida de los primeros cristianos como la vemos en Los Hechos. Ahora nos limitaremos a qué *es* la iglesia, y las circunstancias que rodearon su nacimiento.

La palabra: "Iglesia"

Es la transliteración de una palabra griega, *eklesía*, que fue comúnmente usada por la gente del tiempo de Jesús. No es estrictamente una palabra "cristiana", y se traduce en la Biblia de diversas maneras.

Por ejemplo *eklesía* aparece algunas veces en la versión griega del Antiguo Testamento, donde se traduce por palabras como "congregación" o "asamblea" en vez de iglesia.

1   Aquí damos tres citas donde aparece *eklesía* en el Antiguo Testamento, traducida de otra manera. ¿A qué se refiere en estas citas? Deuteronomio 4:10, 31:30 y Jueces 20:2.

2   La misma palabra también aparece unas pocas veces en el Nuevo Testamento donde se traduce como "asamblea" u otra palabra similar. Busque las siguientes citas, y explique lo que significa *eklesía* en estos casos. Hechos 19:32,39,41.

Normalmente es bien claro cuando la palabra *eklesía* refiere a la iglesia y no a otra agrupación de personas. Pero también la palabra "iglesia" se usa con dos significados diferentes en el Nuevo Testamento.

3   Por ejemplo, a continuación hay dos grupos de citas. Explique a qué cosa se refiere la palabra en cada grupo. Aunque los dos parecen semejantes a primera vista, hay una importante diferencia entre ellos.

a] Romanos 16:1, 1 Corintios 1:2, 11:18 (RV).

b] Mateo 16:18, Efesios 1:22, 5:25-27.

En la Biblia nunca encontramos para la palabra *eklesía* el concepto de edificio, ya que los primeros cristianos no tuvieron durante dos siglos edificaciones especiales para sus reuniones. Para ellos la palabra iglesia siempre se refería a ese pueblo especial que Dios creó en el día de Pentecostés.

Sin embargo, nosotros los creyentes de la actualidad, cuando hablamos de la iglesia generalmente nos referimos al edificio donde la iglesia se reúne.

4   Por supuesto, esta no es la manera correcta de emplear la palabra, pero ¿le parece que es una práctica inofensiva, o es conveniente no utilizarla?

La promesa de Jesús

La palabra iglesia sólo aparece tres veces en los evangelios, y las tres están en Mateo (16:18 y 18:17). Ahora nos interesa la primera cita, porque nos da una base para entender los propósitos de Jesús en cuanto a la iglesia.

5   ¿Cuáles son las tres cosas que aprendemos acerca de la iglesia en Mateo 16:18?
   a]

b]

c]

El significado de "roca" en ese versículo ha sido un tema polémico durante varios siglos. Jesús dijo que "tu eres *petros*, y sobre esta *petra* edificaré mi iglesia". "Petros" es una piedra, "petra" significa roca, tierra con piedras. La pregunta es, entonces, ¿qué significa esa piedra sobre la cual Jesús edifica su iglesia?

Hay, tal vez, tres posibles interpretaciones principales del uso de esta palabra por parte de Jesús:

- La confesión de Pedro en el v. 16.
- Pedro mismo.
- Jesús mismo.

6 ¿Cuál de estas tres posibilidades le parece la más correcta según las Escrituras? Apoye su argumento con citas bíblicas. Por supuesto, si piensa que hay una cuarta posibilidad puede describirla, dando sus razones.

La promesa del Padre

Jesús dijo que iba a edificar su iglesia, pero no explicó cómo. Lo único que dijo es que los discípulos tenían que esperar en Jerusalén para recibir "la promesa del Padre". Leyendo Hechos 1:4,5, nos damos cuenta que se refería al bautismo del Espíritu Santo, que se cumplió en el nacimiento de la iglesia.

Comprender la figura "bautismo con el Espíritu Santo" nos ayuda a entender lo que ocurrió cuando nació la iglesia. Veamos primero el verbo "bautizar".

Muchas veces limitamos la palabra a nuestra ceremonia del bautismo, pero en el Nuevo Testamento, la palabra griega traducida como bautizar (*baptizo*) no significa solamente una ceremonia. Veamos algunos ejemplos de cómo se usa el verbo en el Nuevo Testamento.

Dos versículos donde aparece el verbo *baptizo,* pero que no se traduce por "bautizar" son: Marcos 7:4 y Lucas 11:38. Le resultará fácil reconocer cuál es el verbo que representa baptizo.

7 Según estos dos versículos, ¿qué otro significado puede tener el verbo?

8 Hay otros usos del verbo bautizar que son aún más especiales. ¿De qué clase de bautismo hablan los siguientes versículos?
a] **Mateo 3:11**

b] Mateo 20:22

Las preguntas 7 y 8 nos ayudan a aclarar un poco el significado de la figura "bautizar con el Espíritu Santo". Pero vemos que Pedro, al relatar el evento en su primer sermón, utilizó otro verbo para describir la acción del Espíritu en el nacimiento de la iglesia.
a] ¿Cuál es el verbo?

b] ¿Qué significa esto?

10 Ahora, a la luz de lo que hemos descubierto con las tres preguntas anteriores, dé su propia explicación de "la promesa del Padre".

11 Todo lo visto hasta ahora demuestra la gran diferencia que existe entre una iglesia y un club. ¿Cómo explicaría usted esa diferencia?

Su nacimiento

Hemos examinado lo que Jesús mismo había dicho en cuanto a la iglesia. Dijo que él mismo iba a crearla, que había de colocar su fundamento de tal manera que ni Satanás podría moverla. Vimos también que en su nacimiento se cumplió la promesa del Padre. Ahora, entonces, veremos las circunstancias de ese nacimiento en Hechos 1 y 2.

12 Busque el número de personas que formaba este primer grupo de cristianos cuando nació la iglesia (capítulo 1).

13 Un dato interesante es la presencia de los hermanos de Jesús.
a] Según los evangelios, ¿qué actitud tenían antes hacia Jesús y su ministerio? Compruebe su afirmación con textos bíblicos.

b] ¿Qué puede haber ocurrido para que cambiaran de actitud?

14 Según el capítulo 1, ¿de qué manera preparó Jesús a estos discípulos para los acontecimientos de Hechos 2?

La promesa del Padre se cumplió en el día de Pentecostés. El nacimiento de la iglesia cobra un significado especial cuando entendemos lo que se celebraba ese día.

15 Busque las referencias al día de Pentecostés en el Antiguo Testamento.
   a] ¿Qué significaba la *palabra* "Pentecostés"?

   b] ¿Qué significaba la *fiesta* de Pentecostés?

16 Lea Levítico 23:9-17, Juan 12:24 y Santiago 1:18. A la luz de estos pasajes, explique ¿Por qué es especialmente significativo que la iglesia naciera en ese día?

17 Hechos 2:2 y 3 nos narran lo que en ese día se vio y escuchó.
   a] Note el uso de la palabra "como" en estos versículos. ¿Por qué es importante esa palabra en la descripción que nos da Lucas?

b] ¿Por qué Dios habrá enviado tales manifestaciones tangibles?

Hemos de estudiar el tema de las lenguas en la lección 10. A veces se supone que todos hablaban a la vez, y que había una confusión y un ruido tremendo, pero no hay razón en el pasaje para tal conclusión. No sabemos cómo hablaban, y quizá hablaron uno por uno.

Algunos han comparado lo que ocurrió en el día de Pentecostés con Juan 1:14. Dicen que en un sentido, el nacimiento de la iglesia es una "segunda encarnación", como el nacimiento de Cristo fue la primera encarnación.

18 Explique por qué está, o no de acuerdo con esta comparación.

Luego hemos de estudiar el sermón de Pedro en el capítulo 2, pero ahora sólo nos interesa como una explicación al mundo de lo que había ocurrido.

19 En síntesis, y en sus propias palabras, escriba ¿cuál es la contestación de Pedro en su sermón del capítulo 1 a la pregunta de Hechos 2:12?

20 En forma de resumen, y según lo que hemos estudiado en esta lección:
a] ¿Qué parte tuvo el Padre en la creación de la iglesia?

b] ¿Qué parte tuvo el Hijo?

c] ¿Qué parte tuvo el Espíritu Santo?

Sus nombres

Hay un dato más que debemos notar antes de terminar esta lección. Normalmente nosotros nos llamamos "cristianos", y ese es el título común de todos los que profesamos la fe de Jesucristo. Pero vemos en Los Hechos que no siempre fue así.

21 Busque en una concordancia dónde aparece en Los Hechos la palabra "cristiano" por primera vez.
a] ¿Cuál es la cita?

b] ¿Quiénes inventaron ese título?

c] ¿Por qué?

d] ¿Cuántas veces aparece el título "cristiano" en Los Hechos?

22 Según lo que podemos ver en Los Hechos, ellos mismos se llamaban "hermanos" o "discípulos".

    a] ¿Cuántas veces se usa la palabra "hermanos" para nombrar a los cristianos en Los Hechos? (usar la concordancia)

    b] ¿Cuántas veces se usa la palabra "discípulos"?

23 ¿Por qué sería especialmente apropiado que los primeros "cristianos" se llamaran "discípulos"?

24 ¿Por qué sería especialmente apropiado que los primeros "cristianos" se llamaran "hermanos"?

25 Hay todavía otro título común que encontramos en Los Hechos.

    a] Según Hechos 9:2, 19:9,23 y 22:4, ese título es:

    b] ¿Por qué también ese título era muy apropiado para ellos (y nosotros)?

26 En forma de resumen, explique en sus propias palabras lo que es la iglesia según:
a] la palabra misma.

b] Jesucristo.

c] Pentecostés.

d] Los mismos cristianos en el libro de Los Hechos.

4   *La iglesia apostólica*

Hemos visto cómo nació la iglesia; ahora nos toca examinar cómo vivía este nuevo pueblo. Hemos de ver principalmente la iglesia en Jerusalén, ya que no sabemos mucho de las que se formaron después, como por ejemplo, la de Antioquía.

Podemos afirmar que la iglesia no es una organización estática, sino un organismo dinámico que crece y cambia. Como un niño que nace y comienza a crecer y desarrollarse, así también vemos cambios durante los primeros años de la iglesia. Un estudio de la historia de la iglesia revela que hay muy pocas épocas en las cuales la iglesia permanece sin cambios. Y un estudio de los primeros años de vida de la iglesia primitiva nos ayuda a entender mejor a nuestras iglesias actuales.

El problema mayor que enfrentamos en el libro de Los Hechos es que hay pocos párrafos que describen las actividades de la iglesia en su totalidad. Casi todo el libro se ocupa del ministerio de unos pocos hombres.

1   Según el Cuadro de Contenido, ¿cuántos pasajes tienen que ver principalmente con la iglesia?

El bautismo

Para la mayoría de los evangélicos, el requisito "visible" para el nuevo creyente que quiere ser miembro de una congregación es el bautismo. Conviene que lo examinemos brevemente como un acto de iniciación.

2   Busque en una concordancia las citas donde encontramos que una persona, o un grupo de personas se bautizó, durante la historia relatada por Los Hechos. Anote las citas en el *Cuadro de bautismo* de la página siguiente.
    a] Busque para cada cita del Cuadro los requisitos que tenían que cumplir esas personas antes de ser bautizadas. Anote esa información en la columna 2.
    b] Busque también en cada párrafo alguna indicación del tiempo que pasó entre el momento en que la persona se convirtió y su bautismo. Escriba esa información en la columna 3 del Cuadro.

3   En base a la evidencia que hemos reunido en el Cuadro:
    a] ¿Cuándo se bautizaban los creyentes en la iglesia primitiva?

CUADRO DE BAUTISMO

Citas	Requisito	Tiempo
a -		
b -		
c -		
d -		
e -		
f -		
g -		
h -		
i -		
j -		

b] ¿Cuál era el requisito más comúnmente exigido para que una persona pudiera bautizarse?

Las iglesias actuales no siguen una pauta común. Algunas demoran muchos meses para bautizar al nuevo creyente, y es común exigir un curso previo de estudio.

4 ¿Cuál práctica conviene más, la de la iglesia primitiva o la de exigir una "preparación" para el bautismo. Dé sus razones.

Busquemos otros ejemplos de los primeros cristianos. Sabemos que no tenían edificios propios para sus reuniones, y durante dos siglos desarrollaron sus actividades en otros lugares.

5 Según el capítulo dos, ¿cuáles eran los dos lugares donde se reunían los creyentes?

Sabemos que en aquel tiempo no tenían casas muy grandes. Si suponemos que en un hogar típico podrían reunirse unas 30 personas, entonces tendrían unas 100 reuniones caseras.

Pero, por supuesto, ¡los apóstoles no podían estar presentes en todas de esas 100 reuniones caseras! 1 Corintios 14:26-33 nos da una idea de cómo puede haber sido el culto de esas reuniones caseras.

6 Si tuviera una reunión parecida en su barrio, trate de explicar cómo sería.

7 Busque en los capítulos 2 a 5 evidencias que nos indiquen qué hacían en las reuniones del *templo*.

Hch 2:42 nos da un resumen de las cuatro actividades principales del grupo de cristianos cuando se reunían como iglesia. Probablemente describe lo que hacían en los hogares.

Examinaremos brevemente cada una de ellas.

Doctrina de los apóstoles

La palabra "doctrina" quiere decir "enseñanza", y en este caso se refiere a todo lo que enseñaban los apóstoles a estos nuevos creyentes.

Por supuesto, no hay una sola doctrina. Hay doctrina buena y mala. Doctrina es sencillamente enseñanza, y por esto tenemos que saber siempre de quién es la doctrina, y de qué se trata. Por ejemplo, 1 Ti 4:1 sugiere que se puede introducir hasta doctrina de demonios en la iglesia.

8 Los siguientes pasajes ofrecen una solución frente a la confusión doctrinal: Hechos 17:11; 1 Tesalonicenses 5:21; 1 Juan 4:1. ¿Cómo se puede *aplicar* este principio en su iglesia?

Comunión

La palabra "comunión" es otra palabra griega que se traduce de varias maneras. Es la palabra *koinonía* que se traduce como "participación" (Filipenses 3:10) o "compañerismo" (2 Corintios 6:14). Es la palabra que describe la vida en comunidad de los primeros cristianos. La idea principal de esta palabra es "una participación conjunta de las cosas que tenemos en común".

9 Si la comunión tiene que ver con lo que compartimos, ¿cuáles son las principales cosas que todos los cristianos tenemos en común y que constituyen una base para nuestra participación como comunidad? (Por ejemplo, todos tenemos el mismo Espíritu que vive en nosotros)

10 El libro de Los Hechos nos da una idea de cómo interpretaban los primeros cristianos la vida en comunidad. Leamos Hechos 2:43-47 y 4:32-35.
  a] ¿Cuáles son las palabras o frases que describen la unidad de esa comunidad?

  b] ¿Hay alguna indicación de que era obligatorio compartir los bienes? (Ver también 5:4)

c] ¿Cuál es la frase que se repite dos veces y describe *cómo* —o de qué manera— compartían los bienes?

11 Aquí es importante ver el caso de Ananías y Safira (5:1-11) porque se relaciona con los bienes de la comunidad.

a] ¿Cuáles habían sido los motivos de Ananías y Safira al llevar su ofrenda a los apóstoles? Recuerde bien el contexto.

b] ¿Cuál fue en realidad, su pecado?

12 ¿Cuál puede haber sido el motivo de Lucas pAra incluir este incidente en su relato? Piense bien en el contexto.

El tema de la comunión de bienes ha sido muy discutido. Pero ya hemos visto que no era obligatorio, y tampoco se dividían los bienes entre todos, sino que habían creado un fondo para ayudar a los necesitados. Obviamente no *todos* vendían sus casas, porque sabemos que los creyentes se reunían en casas de familia.

Algunos creen que la crisis económica que menciona Hechos 11:29, 30 y Romanos 15:26 fue resultado de haber vendido terrenos y casas. Algunos comentaristas piensan que de esa manera, la iglesia primitiva se quedó sin los recursos y fuentes de ingreso que la comunidad necesitaba.

13 ¿Qué política tiene su iglesia acerca del compartimiento de bienes? O si no tiene una, ¿deberá tenerla? ¿Hasta qué punto podemos o debemos acercarnos a la iglesia primitiva en esto?

14 Ahora, pensemos nuevamente en nuestras iglesias. ¿Le parece que el asistir juntos a una reunión es tener comunión? Explique.

15 ¿Cuáles son las principales lecciones que debemos aprender de la iglesia apostólica en cuanto a la comunión?

El partimiento de pan

"Partir el pan" puede significar una de dos cosas. Primero, una comida común. La idea de 2:46 es que comían juntos todos los días. Pero también "partir el pan" significa lo que llamamos la cena del Señor, en la cual la participación del pan simbólico es central (ver 1 Corintios 11:24).

Pero en aquellos días no separaban las dos cosas. Tomaban la cena del Señor durante una comida común.

16 1 Corintios 11:17-34 nos da una idea de cómo una iglesia abusaba de esa comida-cena.

a] ¿De qué manera algunos abusaban de la cena?

b] ¿Cuáles son las instrucciones específicas que les dio Pablo para corregir esa situación?

17 Los primeros cristianos llamaban a esa comida-cena *agape*. Esta es una palabra griega que significa "amor". Note también que se utiliza en Judas 12. ¿Por qué sería especialmente adecuado llamar a esa comida-cena con este nombre?

18 Regresando a Hechos 2, ¿cuáles son las palabras que describen *cómo* celebraban esa cena?

19 Aunque en su primer entusiasmo los cristianos comían a menudo la cena todos los días, con el pasar de los años, esa costumbre cambió. Según Hechos 20:7, ¿cuál fue la práctica más tarde?

20 Los Hechos no nos presenta un análisis "teológico" de la cena, es decir, no explica el significado del pan y la copa. Pero sí nos da una ideade cómo la celebraban. ¿Qué lecciones hay en ese ejemplo (Hch 2:41 a 47) que podemos o debemos, aplicar a nuestras iglesias?

La oración

Al buscar las palabras "orar" u "oración" en la concordancia, vemos que nuestros hermanos oraban mucho, y en diversas circunstancias. Las referencias que encontramos en los Hechos acerca de la oración hablan de una actividad de la iglesia, es decir, la oración en grupo.

21 ¿Cuál es la primera mención de la oración en grupo en Los Hechos?

22 En el pasaje de la pregunta anterior, ¿cuáles son las palabras que indican *cómo* oraban?

23 El único ejemplo que tenemos del contenido de las oraciones de la iglesia en Los Hechos se encuentra en 4:23-31. Frente a las amenazas de las autoridades (4:18,21) se dirigen a Dios en oración.
   a] Frente a esas amenazas, ¿qué petición hubiéramos esperado en su oración?

   b] ¿Qué es lo que realmente pidieron?

   c] ¿Qué factor común hay entre Mateo 18:19 y Hechos 4:24?

   d] ¿Qué factor común hay entre Mateo 18:20 y Hechos 4:31?

24 ¿Qué lugar tiene la oración en grupo en su iglesia? Entre las cosas que hacen como iglesia, ¿qué prioridad debe tener? Si hay una falta, ¿hay una solución?

El testimonio

Una actividad que no se menciona en Hechos 2:42, pero que sabemos era muy importante es el testimonio, o evangelización de parte de los creyentes. Es sorprendente que Lucas habla muy poco acerca de esa actividad de parte de los creyentes "comunes". Sin embargo, aunque vemos que Lucas concentra su atención en la obra de unas pocas personas claves, sabemos que el crecimiento de la iglesia fue precisamente resultado del testimonio de la multitud de creyentes.

25 Busque los siguientes versículos, y anote lo que dice cada uno en cuanto al crecimiento de la iglesia.
a] 2:41

b] 2:47

c] 4:4

d] 5:14

e] 6:7

f] 9:31

26 Por supuesto, en el capítulo 8 cambia la situación de la iglesia de Jerusalén, pero el mismo poder del evangelio se ve en el crecimiento de las iglesias de ciudad en ciudad. ¿Cuál es la frase en la primera partE del capítulo 8 que nos ayuda a entender por qué la iglesia se extendió tanto?

27 Otro versículo clave que nos ayuda a entender ese crecimiento es Hechos 2:47. Explique cómo ese versículo es un ejemplo del principio que Pablo afirma en 1 Corintios 3:6.

28 Hay otros dos aspectos de 2:47 que debemos considerar:
  a] ¿Qué implican las palabras "cada día" en cuanto a la tarea de evangelización?

  b] ¿Por qué es de singular importancia la frase "añadía... a la iglesia"?

29 La evangelización en su iglesia,
  a] ¿es una tarea pastoral, o es de todos los creyentes?

b] Exhortar a los creyentes a evangelizar realmente no es efectivo. ¿Cómo sepuede motivar o estimular a *toda* la iglesia en esta tarea?

Hemos visto, aunque brevemente, seis de las actividades principales de los primeros cristianos.

30 A la luz de esta lección:

a] ¿En cuál de estas seis actividades diría usted que su iglesia es más parecida a la primitiva? Explique.

b] ¿En cuál de las seis está más diferente?

31 De toda la lección, ¿cuál es la aplicación más importante para usted personalmente?

5 *La administración de la iglesia*

Con esta lección queremos estudiar la administración de la iglesia en sus primeros tiempos. Todo grupo de personas que se une con un propósito necesita alguna forma de organización, y en Los Hechos vemos cómo comenzó a organizarse la iglesia bajo la guía del Espíritu Santo. Trataremos ahora de seguir el desarrollo de ese aspecto de su vida en comunidad.

La primera etapa

Comenzaremos por lo conocido. Sabemos que el Señor nombró un grupo de hombres que tenían que llevar a cabo en su ausencia la obra del Reino. Esos hombres, los apóstoles, son quienes ocupan el centro del escenario en los primeros capítulos de Los Hechos.

1 Según *Marcos* (3:13-19), ¿con qué propósitos Jesús llamó a los doce?

a]

b]

c]

2 Es importante aclarar la obra específica del apóstol. Según el último mandato del Señor en los evangelios (Mt 28:18-20, Lucas 24:46-48 y Marcos 16:15), ¿qué *verbos* describen la tarea que los apóstoles tenían que cumplir?

a]

b]

c]

d]

e]

3 ¿Cuál es la responsabilidad apostólica según Hechos 1? Vea todo el capítulo, especialmente el discurso de Pedro. Hay por lo menos cuatro palabras que describen esa responsabilidad.

4 Tomando en cuenta lo que hemos visto, explique en sus propias palabras cuál era la función del apóstol, según Efesios 2:19-21.

5 Todo esto nos ayuda a entender por qué era necesario llenar el vacío dejado por Judas a causa de su traición. Según Hechos 1, ¿cuáles eran los reqUisitos que debía cumplir el sucesor de Judas?

6 Enumere los tres pasos que siguieron para la elección de Matías.
a]

b]

c]

7 En aquellos días era normal echar suertes para decidir los oficios y las obligaciones del templo judío. Observe, por ejemplo, la actitud expresada por Proverbios 16:33. ¿Qué le parece: hicieron bien o mal al echar suertes para elegir a Matías? Explique.

Es importante destacar que desde el primer capítulo de Los Hechos, vemos que los apóstoles tomaron la iniciativa y la responsabilidad de dirigir al nuevo pueblo que nació en el día de pentecostés.

8　¿De qué actividades específicas se ocupaban los apóstoles en los capítulos 1 a 5? Note especialmente 2:42; 4:33,35; 5:2,42.

9　Los misioneros en la actualidad, ¿deberían tener la misma tarea que tenían los apóstoles en la iglesia de aquellos tiempos? Explique.

Segunda etapa

Vamos a considerar ahora el pasaje de Hechos 6:1-7. Los "griegos" del v.1 eran judíos (a veces gentiles convertidos) que venían de otros países, y normalmente hablaban griego en vez de arameo. En este caso, eran creyentes que formaban parte de la iglesia.

10 Explique en sus propias palabras el problema que se presentó.

11 Aunque esta es la primera mención específica de una "distribución diaria" en Los Hechos, la práctica tenía sus raíces en una actitud que ya hemos visto en capítulos anteriores. ¿Cuáles son los antecedentes de esta distribución que encontramos en Los Hechos?

12 Los apóstoles vieron la necesidad de delegar responsabilidades a un grupo de hombres capaces, para así poder cumplir adecuadamente con las propias.
a] ¿Quiénes tenían que elegir a esos hombres?

b] ¿Por qué tenían que elegirlos ellos, y no, por ejemplo, los mismos apóstoles?

13 ¿Qué características debían reunir los hombres elegidos?
a]

b]

c]

14 La pregunta anterior nos presenta un problema. ¿Por qué eran tan exigentes en las condiciones, si los hombres elegidos iban a tener una tarea tan sencilla como la de servir a las mesas?

15 ¿Qué aplicación podemos sacar de esto para nuestras iglesias?

Los siete recibieron su responsabilidad en una pequeña ceremonia pública (v.6). La práctica de imponer las manos era común en la iglesia primitiva, y tenía la idea de *separación* para una tarea, y *participación* de parte de la iglesia. Note también el uso de esa práctica en 13:3.

El subtítulo de la versión Reina-Valera para 6:1-7 dice "Elección de los siete diáconos". Aunque la palabra "diácono" no aparece en el pasaje, sin embargo, los estudiosos del Nuevo Testamento en general están de acuerdo de que aquí tenemos la formación del primer grupo de diáconos.

Tercera etapa

Hechos 6 marca la primera división de tareas y responsabilidades dentro de la iglesia. Pero hay otro cambio que debemos observar, aunque no es tan marcado como en el caso de los diáconos.

16 Busque las siguientes citas que se refieren a la iglesia de Jerusalén: Hch 6:2; 9:26,27; 11:1,30; 15:4,6,22; 21:18. Fíjese especialmente cualquier indicación de un *cambio en el liderazgo* de esa iglesia con el correr del tiempo. ¿Qué cambios ha podido encontrar?

17 Según lo que ya hemos estudiado acerca de la responsabilidad o función específica del apóstol:

a] ¿Por qué era *necesario* que los apóstoles no se quedasen como responsables de una iglesia?

b] ¿Hay en esto una aplicación para la obra misionera actual?

El nombramiento de ancianos en la iglesia sigue el ejemplo de la sinagoga judía, donde gobernaba un grupo de hombres mayores y maduros. El único pasaje en Los Hechos que nos da una idea de su función es Hechos 20:17, 28-35.

18 ¿Cuáles son los verbos en este pasaje (Hch 20) que describen lo que debían *hacer* estos ancianos?

a]

b]

c]

d]

e]

f]

g]

19 Describa en sus propias palabras cuál es el trabajo de los ancianos según este pasaje.

20 Pablo repite la advertencia de mirar y velar.
   a] ¿Por qué tienen que velar?

   b] ¿Cuáles son sus recursos para enfrentar tal peligro?

21 ¿Por qué la palabra "apacentar" (v. 28) es muy apropiada para identificar el trabajo del anciano?

22 Es importante destacar que Pablo en su discurso (v. 17) llamó a los ancianos de la iglesia, pero luego les dio otro nombre.
   a] ¿Cuál es ese nombre?

   b] ¿Qué significa según el diccionario bíblico?

Se ve que en aquel tiempo, por lo menos, el grupo de líderes de la iglesia recibió dos títulos.

En resumen

23 Hemos visto, entonces, que básicamente hubo tres etapas en el desarrollo de la administración en la iglesia en Jerusalén. Descríbalas en sus propias palabras.
   a]

   b]

c]

24 Se ve por la práctica de otras iglesias que la última etapa de la pregunta 23 llegó a ser la norma común. Según Hechos 14:23 y Tito 1:5, ¿cuál fue la práctica de Pablo?

25 A la luz de lo que hemos estudiado, ¿cuál es la diferencia principal entre:
a] Un apóstol y un anciano?

b] Un anciano y un diácono?

26 La pregunta anterior menciona la diferencia entre anciano y diácono:
a] ¿Por qué era necesario formar un grupo de diáconos?

b] Hay muchas iglesias que *no* tienen diáconos. ¿Está usted de acuerdo con esto? ¿Por qué?

27 ¿Por qué es importante que entendamos el proceso que siguió el desarrollo del gobierno de la iglesia, y sus resultados?

6 *La predicación apostólica (1)*

Ya que hemos visto cómo nació la iglesia, y cómo era su vida y su administración, debemos continuar estudiando su mensaje. Vamos a dedicar tres lecciones a este tema, porque es algo que no sólo ocupa gran parte del relato de Lucas, sino porque también es un tema importante para nosotros. La iglesia apostólica debe predicar el mensaje apostólico, y aunque encontramos todos los elementos de ese mensaje en las Epístolas, los vemos en acción en Los Hechos.

1   Nuestra primera tarea será hacer un análisis general de los sermones. Para esto hemos de utilizar el *Cuadro de Sermones* que se encuentra en la página siguiente.

Revise todo el libro de Los Hechos paraencontrar los distintos sermones, o discursos. Hablamos, por supuesto, de discursos de parte de los apóstoles u otros obreros creyentes. No incluímos el discurso de Gamaliel en 5:35-39, por ejemplo, porque nuestro interés es encontrar el contenido del mensaje apostólico. El primer discurso, por supuesto, se encuentra en 1:16-22 y es el de Pedro. No debe incluir pasajes como 4:19,20 que no son discursos, sino simplemente parte de una conversación. Complete el Cuadro según estas pautas:

Columna	Dato
1	Las citas de Los Hechos donde se encuentra el discurso.
2	Los oyentes del discurso, que pueden ser el pueblo judío, los líderes judíos, gentiles, etc.
3	La persona que predica, o que pronuncia el discurso.
4	El carácter del discurso, que puede ser de evangelización, de defensa, de enseñanza, según la situación.

En esta lección haremos un primer esfuerzo para analizar un discurso, y luego estudiaremos los sermones de evangelización para los judíos. Como hemos de ver, estos sermones son muy distintos de los sermones para los gentiles, y lógicamente, toman en cuenta el conocimiento y la experiencia de los oyentes. Luego haremos una comparación entre ambos para poder sacar conclusiones aplicables a nuestra predicación.

2   ¿En cuántos capítulos de Los Hechos se encuentra uno o más discursos?

Trabajaremos primero sobre la *forma* de los sermones. Generalmente todo discurso tendrá por lo menos tres elementos:

Citas	Oyentes	Predicador	Carácter

- *Introducción* es la parte inicial, la que da entrada al tema. Prepara al oyente para lo que sigue.
- *Tema* es el cuerpo, el contenido de loque se comunica.
- *Conclusión* es la consecuencia, la resolución que se toma en base al tema. Es la palabra que pone fin al tema.

Introducción

Un discurso no siempre tiene una introducción, como en el caso del sermón de Esteban en Hechos 7. Un ejemplo de introducción es Hechos 4:9-12. El v. 9 sirve de introducción por las siguientes razones:
- Hace referencia a la pregunta del v. 7.
- Trata principalmente del hombre sanado.
- El v. 10 comienza a hablar de Jesús, y el hombre sanado queda en segundo plano. Aquí ya comienza el tema.

Es decir, lo del hombre sanado sirve de introducción al tema real, que es Jesucristo.

Veamos otro ejemplo, imaginando un sermón similar a los que encontramos en Los Hechos:

Varones israelitas, estoy contento de tener esta oportunidad de hablar con ustedes. Sé que conocen las Sagradas Escrituras, y que guardan la esperanza de lo que Dios prometió a nuestro padre Abraham. Sé que ustedes, como sus antepasados, anhelan la manifestación del Prometido. Pero les digo que el Cristo ya ha venido. Aquel Jesús que los líderes del pueblo rechazaron, demostró por su palabra y por su obra que es el mismo que nuestros padres proclamaron. Todos ustedes conocen cómo vivía entre nosotros...

3 ¿Dónde haría usted la división entre la introducción y el tema en este ejemplo?

4 Tomemos ahora un ejemplo de Los Hechos: el discurso de Pedro en el capítulo 1. ¿Dónde comienza el tema?

Conclusión

Por supuesto, no siempre hay una conclusión que se puede reconocer como tal. Un ejemplo de un discurso que tiene una conclusión clara es Hechos 11:5-17. El v. 17 sirve de conclusión por la siguientes razones:

- Pedro deja de relatar su propia experiencia, para hacer una aplicación a los gentiles.
- El v. 17 es una deducción obtenida de su propia experiencia.

Pero, por otro lado, la corta prédica de Pablo en Hechos 17:22-31 no parece tener conclusión. Uno hubiera esperado una apelación o aplicación más directa a sus oyentes. Hagamos otra prueba continuando el sermón-modelo de la pregunta 3.

...todos somos testigos de lo que Dios ha hecho por medio de él. Lo vimos, lo oímos, y aún lo palpamos con nuestras manos. Por eso somos testigos de que Dios lo levantó de entre los muertos y nos exige a todos arrepentimiento y fe. No hay otro por el cual podamos recibir las promesas de Dios. Dejen, entonces, de resistir a Dios, y reconozcan que este Jesús es Señor de todos. Dejen de dudar y confíen plenamente en él para que Dios pueda mandarles su Espíritu Santo...

5 En este ejemplo, ¿dónde comienza la conclusión?

6 En general, ¿qué diferencia hay entre un tema y su conclusión que nos permite distinguirlos?

7 Veamos otro ejemplo bíblico un poco más difícil: el discurso de Tértulo en Hechos 24:2-8.

a] ¿Qué versículos comprenden la introducción?

b] ¿Cuál es la conclusión?

Tema

Es necesario distinguir bien la introducción y la conclusión, para poder así identificar claramente el tema. Este último, por supuesto, es la parte central, lo más importante del discurso. Si no podemos distinguir el tema, nos confundiremos con los muchos detalles de un discurso.

Generalmente el tema se puede expresar con sólo dos o tres palabras. Constituye la idea central que el discurso argumenta y desarrolla.

8 Hagamos un ejercicio con algunos ejemplos bíblicos. Trate de definir el *tema* en cada una de las siguientes citas, con no más de 10 palabras.

a] Hechos 1:16-22

b] Hechos 7:2-53

c] Hechos 11:5-17

d] Hechos 15:7-11

e] Hechos 25:14-21

Si podemos diferenciar las partes principales de un discurso, aún de una manera muy simple, esto nos ayudará mucho a entender el contenido del discurso, lo que ahora nos interesa.

Hemos de ver que los sermones de evangelización que encontramos en Los Hechos tienen mucho en común. En cierto sentido, tienen el mismo tema y poseen ciertas características que se repiten en la mayoría de ellos, ayudándonos a entender el énfasis del mensaje apostólico.

En realidad, el Señor mismo dio el tema de la predicación apostóllica. En Hechos 1:8 les dijo que iban a ser testigos de él; luego en 1:21, 22 Pedro dice que la tarea apostólica es testificar que Jesús resucitó.

En esencia, se puede resumir su mensaje con una sola palabra: Jesús.

Sermones para judíos

9 Según su Cuadro para Sermones, ¿cuántos sermones de evangelización hay para los judíos? (Aquí *no* se incluyen los discursos de defensa delante de los líderes)

Comenzamos con estos sermones porque se aproximan a nuestra predicación actual. Aunque los judíos acababan de eliminar a su Mesías, y los sermones hacían referencia a ese hecho, hay muchas cosas que tenemos en común con ellos.

10 Haremos una lista de varias creencias y actitudes que los judíos del tiempo apostólico, y los católicos-romanos de hoy, tienen en común. Anote las que encuentre en las siguientes citas, y si puede, agregue otras. Un ejemplo: Ro 9:4 sugiere que los judíos pensaban que eran el único pueblo de Dios. Los católicos actuales tienden a pensar lo mismo.
a] Mateo 23:3

b] Juan 4:25

c] Romanos 3:2

d]

e]

Hicimos el ejercicio de la pregunta 10 para señalar que los receptores de los mensajes que ahora hemos de ver se parecen a nosotros (los Latinoamericanos) en cuanto a sus actitudes religiosas. Esto implica que estos mensajes representan una exposición del evangelio apropiada también para un buen porcentaje de la gente. Destacamos esto, porque cuando lleguemos a la lección siguiente donde estudiaremos los sermones para los paganos, veremos que eran gente muy distinta, y por esta razón, esos sermones sirven como modelo diferente.

Veamos primero en detalle al sermón de Pedro en 2:14-36, y luego lo compararemos con los demás.

11 Busquemos la forma general del sermón.
    a] ¿Qué versículos componen su introducción?

    b] ¿Qué propósito tiene esa introducción (según el contexto)?

    c] ¿Tiene una conclusión? ¿Qué versículos comprende?

    d] ¿Por qué usted dice que es la conclusión?

12 Un aspecto notable de este sermón es la gran cantidad de citas del Antiguo Testamento.
    a] ¿En cuántos versículos cita Pedro textos del Antiguo Testamento?

b] ¿Qué propósito habrá tenido al hacerlo?

13 Si tuviera que resumir el *tema* del sermón en no más de 10 palabras, ¿cómo lo haría?

14 Note la parte del sermón que tiene que ver con Jesucristo. ¿Qué aspecto de su historia enfatiza más?

15 Intente hacer un esquema de la parte *tema* del sermón, con no más de 4 divisiones (puede haber menos).

Versículos	Idea
a-	
b -	
c -	
d	

16 Veamos ahora el sermón de Pablo de 13:17-41. Haga primero una división del sermón:

Parte	Versículos
Introducción	
Tema	
Conclusión	

17 Escriba ahora el *tema* del sermón en no más de 10 palabras.

18 Note nuevamente la parte del sermón que tiene que ver con Jesucristo.

a] ¿Qué aspecto de su historia enfatiza más?

b] ¿Cuántos versículos dedica a ese aspecto?

19 De la misma manera que realizó con el sermón de Pedro, haga un esquema de la parte *tema* de este sermón, con no más de 4 divisiones (puede haber menos).

Versículos	Idea
a -	
b -	
c -	
d -	

20 Hemos afirmado que los sermones para la evangelización de los judíos son muy parecidos entre sí, tanto en forma como en énfasis. ¿Está de acuerdo en estos dos casos? Explique por qué.

21 En general, ¿cuáles son las principales conclusiones que podemos sacar de los ejercicios que hicimos en esta lección?

El evangelio no es tanto una doctrina, como una persona; no es tanto una verdad que debemos creer, como una persona a quien debemos seguir. En el mundo judío, donde el pueblo profesaba conocer a Dios, los apóstoles los desafiaban directamente con el Cristo y Señor a quien ellos profesaban conocer.

7   *La predicación apostólica (2)*

Aunque en esta lección seguiremos nuestro estudio de los sermones en Los Hechos, nos trasladaremos de un ambiente más familiar (el judaísmo) a uno desconocido por la mayoría de nosotros (el paganismo). Es por esto que los sermones en esta lección (con una excepción) son muy distintos a los que ya hemos visto. Dijimos en la lección 6 que el católico-romano promedio es bastante parecido al judío de los tiempos apostólicos en cuanto a sus actitudes religiosas. Pero en América Latina recién están apareciendo paganos de la clase que encontramos en Los Hechos.

Hay un principio importante de la predicación que debemos considerar primero, y es:

Proceder de lo conocido a lo desconocido

El propósito de una introducción es a menudo crear un eslabón entre lo que ya saben los oyentes, y lo nuevo que el predicador quiere presentar. Ya vimos esto en el Sermón de Pedro en el capítulo 2.

1   En ese sermón:
a] ¿Qué era lo "conocido" por los oyentes?

b] ¿Qué era lo "desconocido" que Pedro quería presentarles?

c] Explique cómo la introducción sirve de "eslabón" Entre las dos cosas.

2   Explique cómo se aplica este principio (proceder de lo conocido a lo desconocido) en el caso de 3:12-26.

3 Haga lo mismo con 13:17-41.

Este principio es particularmente importante, porque nos ayudará a entender el contenido de estos sermones para los paganos. Lo explicaremos mejor con una ilustración.

Podemos decir que toda la gente del mundo está en un camino que parte del infierno y llega al Reino de Dios. Hay quienes no saben nada de Cristo ni del evangelio, y hay otros que están dispuestos a entregarse a Cristo. Entre estos dos extremos, se encuentra todo el mundo no creyente. Intentaremos una sencilla escala donde ubicaremos a la gente del tiempo de Los Hechos de esta forma:

Grado	Posición
0	No cree en nada.
1	Cree en seres espirituales.
2	Cree en varios dioses.
3	Cree en la existencia de un Dios creador.
4	Cree en el Dios de Abraham.
5	Cree en un Mesías.
6	Espera al Mesías.

La necesidad de cada persona depende de su ubicación en la escala. Los sermones que vimos en la lección 6 eran para personas del grado 6.

4 En el caso de los 3 sermones indicados a continuación, examine bien el contexto de cada uno para ver cómo eran los oyentes. En la columna "grado", indique qué número de la escala aplicaría en cada caso, y dé las razones principales por las cuales decidió asignarle ese grado.

Sermón	Grado	Explicación
a] 10:34-43		
b] 14:15-17		

c] 17:22-31

El buen predicador siempre adapta su presentación a sus oyentes, y trata de encontrarlos donde estén para llevarlos más cerca de Cristo.

Sermones para paganos

5 Los Hechos nos da una breve idea de las prácticas religiosas de los paganos. Busque las siguientes citas, y explique lo que aprendemos de cada una en cuanto a su religión.
a] 8:9-11

b] 13:6,8

c] 14:11-13,18

d] 16:16

e] 17:16,23

f] 19:19

g] 19:23-27,35

6 Busque en el diccionario bíblico los siguientes nombres, y dé una breve explicación de quiénes eran:

a] Júpiter

b] Mercurio

c] Diana

7 Recurra a un diccionario para definir la palabra "magia" y trate de contestar las siguientes preguntas:

a] ¿Qué concepto tendrá del mundo espiritual, la persona que la practica?

b] ¿Qué quiere lograr la persona que se dedica a ella?

c] ¿La magia tiene que ver de alguna manera con Dios? Explique.

8 En base a las preguntas 5 a 7, ¿cuáles son las diferencias principales entre los judíos como oyentes y los paganos?

a]

b]

c]

El primero de los tres sermones que hemos de examinar en esta lección se encuentra en 10:34-43. En cierto sentido sirve de eslabón entre los sermones para los judíos, y para los paganos. Cornelio no era judío, sin embargo vemos que temía a Dios, y trató de ayudar a los judíos.

9 Notamos que Pedro también procedía en su sermón de lo conocido a lo desconocido.
a] Según este sermón, ¿qué conocía Cornelio?

b] ¿Qué tenía que comprender de nuevo?

10 Aunque a primera vista este sermón se parece mucho a los de evangelización para los judíos, hay algunas diferencias marcadas. Mire nuevamente los dos sermones para judíos en los capítulos anteriores (2:14 y 3:12) y enumere las diferencias principales que nota entre aquellos sermones y éste.

Se ha observado que hay un paralelo muy estrecho entre el evangelio de Marcos y este sermón. El orden que sigue Marcos al presentar los acontecimientos y el que sigue Pedro, son parecidos.

Cuanto más avanzamos en los sermones para no judíos, nos encontramos en terreno mucho menos conocido. Veamos primero el de Hechos 14:15-17.

11 ¿Qué es lo más importante que Pablo quiso hacerles entender?

12 ¿Cuál fue la enseñanza que les dio acerca de Dios?

13 ¿Por qué no les habló de Jesucristo?

14 ¿Se puede aplicar aquí el principio "de lo conocido a lo desconocido"?

15 ¿Le parece que el sermón fue apropiado para esa ocasión? Explique.

El tercer sermón que vamos a ver en esta lección es el de Pablo en 17:22-31. Es este tal vez el ejemplo "clásico" de un sermón para paganos, es decir, un modelo de cómo puede ser un mensaje de evangelización para personas sin ninguna relación con el cristianismo.

16 En base a los datos que nos proporciona el diccionario bíblico, dé una breve explicación de:

a] Epicúreos

b] Estoicos

c] Areópago

17 En forma de resumen, explique en sus propias palabras cómo eran los oyentes de este mensaje.

18 Haga ahora un esquema de este sermón, con no más de cinco divisiones (puede haber menos)

Versículos	Idea
a]	
b]	
c]	
d]	
e]	

19 Según su opinión. ¿cómo se aplica en este sermón el principio de "lo conocido a lo desconocido"?

20 Note lo que Pablo dice acerca de Jesucristo.
   a] ¿Qué es lo que debían entender antes de que pudiera hablarles de Jesús?

   b] ¿Qué es lo que les enseña acerca de Jesucristo?

21 Note que no se menciona a "Jesús" ni a "Cristo". ¿Esto quiere decir que predicó un evangelio incompleto? Explique.

22 Antes vimos que los apóstoles generalmente citaban la Biblia (que para ellos era el Antiguo Testamento).
   a] ¿Hay en este sermón citas de la Biblia?

   b] Explique por qué.

Lo que algunas versiones de la Biblia no mencionan es que Pablo realmente cita a dos autores no bíblicos. Note el v. 28. Ellos son:

- Epiménides, un poeta estoico (primera parte del v. 28).
- Erato de Cilicia, otro poeta estoico (segunda parte del v. 28).

23 ¿Por qué Pablo habrá citado a poetas paganos, y no la Biblia?

24 Sabemos que Pablo era un "fariseo de los fariseos" (Filipenses 3:5), sin embargo cita a estos autores. ¿Qué nos revela esto acerca de Pablo?

25 ¿Cómo aplicamos este aspecto de la predicación de Pablo a nuestra predicación?

26 ¿Qué respuesta exige Pablo a sus oyentes?

27 ¿Le parece que el sermón fue apropiado para esa ocasión? Explique.

28 Hemos visto varios ejemplos del principio "proceder de lo conocido a lo desconocido". Pero ¿cómo aplicaremos este principio a nuestra predicación del evangelio?

Hay, por lo menos, una conclusión clara que podemos sacar del trabajo de estos dos últimos capítulos. Sabemos que hay un solo evangelio, sin embargo, la forma en que se lo presenta tiene que adaptarse indefectiblemente a los oyentes.

8 *Los Hechos como apología*

Muchos comentaristas han destacado la importancia apologética de los sermones en Los Hechos, y aún consideran al libro mismo como apología. En esta lección exploraremos qué es la apología, como la vemos aplicada en Los Hechos.

El significado de apología

La palabra "apología" deriva del griego (apologia) y aparece unas 7 veces en el Nuevo Testamento. Su principal significado es "una defensa verbal", y así se la traduce en el Nuevo Testamento, donde vemos que tiene una gran variedad de aplicaciones.

1   Según los siguientes textos, defina qué se defiende en cada caso.
a] Hechos 22:1

b] Hechos 25:16

c] 1 Corintios 9:3

d] Filipenses 1:7

e] 2 Timoteo 4:16

Estos ejemplos nos muestran que la apología no se limita a la "defensa del evangelio", sino que describe una variedad de situaciones.

Un versículo clave que nos ayuda a entender la apología como la tarea de todo cristiano es 1 Pedro 3:15.

2   Según este versículo:
a] ¿Qué debemos defender? Explique.

b] ¿Cómo debemos hacerlo? Explique.

La apología en los sermones

La tarea de la iglesia, entonces, incluye no solo la proclamación, sino también la defensa. Y cuando miramos nuevamente Los Hechos, nos encontramos con varios casos de *apología*.

3 Según el cuadro de sermones, ¿cuántos discursos de Los Hechos son principalmente defensa?

Los primeros dos discursos de defensa los encontramos en los capítulos 4 y 5.

4 En cuanto al discurso del capítulo 4:
a] ¿Cuál era la acusación de las autoridades?

b] Explique la esencia de la defensa de los apóstoles.

5 En cuanto al discurso del capítulo 5:
a] ¿Cuál era la acusación de las autoridades?

b] Explique la esencia de la defensa de los apóstoles.

Otro ejemplo de esta clase de defensa es la de Esteban en los capítulos 6 y 7.

6   ¿Cuál era la acusación contra Esteban?

7   ¿Cuál es, básicamente, la defensa de Esteban frente a esas acusaciones?

8   Hasta ahora, sólo hemos visto casos de defensa frente a las acusaciones de los enemigos del evangelio. Pero notamos algo muy distinto en el capítulo 11 donde Pedro tuvo que defenderse frente a la iglesia.
a] ¿Cuál es la acusación?

b] ¿Cuál es, fundamentalmente, su defensa?

9   Vemos también otra clase de apología en la defensa de Pablo ante las autoridades en los capítulos 24 y 26. En resumen, ¿cuál es la idea central de la apología de Pablo en esos discursos?

10 Es importante notar el énfasis que dio a su experiencia personal.

   a] La defensa del capítulo 24 consta de _____ versículos. De esos versículos, ___ tratan de la experiencia personal de Pablo.

   b] La defensa del capítulo 26 consta de _____ versículos, de los cuales _____ tratan de la experiencia personal de Pablo.

11 ¿Encontramos en los sermones anteriores a estos dos casos de Los Hechos, evidencia del uso del testimonio personal? Conteste con datos específicos.

Es llamativo encontrar que el uso del testimonio personal se limita a los sermones de defensa. Directamente, no lo encontramos en los sermones de evangelización.

12 ¿Qué razón puede haber tras esa práctica?

Actualmente es muy común oir el testimonio personal como elemento de evangelización. ¿Es correcto, a la luz de lo que hemos visto? ¿Han cambiado las circunstancias? O ¿de alguna manera erramos?

13 Dé su opinión

Los sermones como apología

Los comentaristas llaman nuestra atención al propósito apologético de los sermones de Los Hechos en un sentido más generalizado. Sugieren que Lucas preparó su historia pensando en sus lectores, entre los cuales habría numerosas personas con objeciones al cristianismo.

Pensemos entonces en dos objeciones comunes al cristianismo de aquellos días, y que se contestan en los sermones de Los Hechos. La respuesta apostólica, por supuesto, no está en uno solo, y tendrá que repasar de nuevo los sermones para encontrar los datos que sirven como apología.

La primera objeción es:

Si en realidad ese Jesús era el Mesías, ¿por qué murió crucificado? ¿No es verdad que sobre el Mesías descansa la bendición de Dios de modo único? ¿Cómo, entonces, murió una muerte maldita por Dios (Deuteronomio21:23)?

14 ¿Cómo contestan los sermones de Los Hechos a esta crítica? Ponga la cita donde se encuentra la respuesta, y el argumento.

Citas	Argumento

La segunda objeción es:

Si Jesús era en realidad el Mesías prometido a Israel, y todo el pueblo lo esperaba ansiosamente, ¿Por qué la mayoría se negó a reconocerlo? ¿No debía haber reconocido el pueblo a su propio Mesías?

15 ¿Cómo contestan los sermones de Los Hechos a esta crítica?

Citas	Argumento

Los Hechos como apología

De nuevo, los comentaristas piensan que todo el *libro* de Los Hechos es una apología, y que Lucas escribió para contestar otra clase de objeción a la nueva fe. Esta vez la respuesta no se limita a los sermones, sino que se encuentra en el desarrollo, o argumento del libro mismo.

Damos aquí un ejemplo de esa clase de objeciones:

Aunque Pablo pretendió ser apóstol, sabemos que él no formó parte de los 12 apóstoles. ¿Qué derecho tiene Pablo de llamarse apóstol?

16 Piense nuevamente en el contenido y desarrollo del libro, y anote varios argumentos de defensa contra esa objeción.

Citas	Argumento

Otro ejemplo es:

Se ve que dondequiera que fueran los apóstoles y demás cristianos, creaban alborotos. Seguramente los cristianos merecían ser castigados por parte de las autoridades, ya que eran rebeldes, instigadores de divisiones, y peligrosos para el pueblo.

17 Nuevamente, busque la contestación de Lucas a esa objeción.

Citas	Argumento

La apoLogía hoy

Por último, pensemos en nosotros. Ya hemos visto que la apología es una tarea de todo cristiano, y por esta razón haremos un poco de práctica.

Piense ahora en dos de las objeciones más comunes (no las más fáciles) que nos hace la gente a nosotros, dos razones que comúnmente dan para no comprometerse con el evangelio. Luego, prepare su apología contra esa objeción.

18 ¿Cuál es la primera objeción?

Su apología:

19 ¿Cuál es la segunda objeción?

Su apología:

Hemos visto en Los Hechos que la apología se usa en una gran variedad de situaciones, y no solamente en la evangelización.

20 ¿Hay otras situaciones en que nosotros también debemos aplicar la apología? Sea práctico en su respuesta.

21 Pedro dijo (1P 3:15, 16) que debemos estar siempre preparados para presentar una defensa. ¿Qué debemos hacer entonces para estar preparados de esta manera?

9   *Pablo misionero*

Un aspecto notable en Los Hechos es la manera en que demuestra la expansión de la iglesia; desde un puñado de hombres y mujeres, hasta una cantidad de iglesias diseminadas en un gran sector del Imperio Romano. En la lección 4 vimos que esa expansión se debía principalmente a la actividad del creyente "común". Pero a la vez es obvio que el libro es casi los "Hechos de Pablo", y tenemos que examinar su obra misionera para realmente entender lo que ocurrió en aquellos primeros años.

El primer viaje

El primer viaje misionero comienza con una reunión de iglesia mencionada en el capítulo 13.

1   ¿Qué función tenía Pablo en la iglesia de Antioquía?

2   ¿Quién mandó a Pablo y a Bernabé a realizar ese primer viaje?

3   ¿Qué parte tuvo la iglesia en todo esto?

4   ¿Dónde recibe Pablo el título de "apóstol" por primera vez en Los Hechos?

5   Estudiamos brevemente el concepto del apostolado en la lección 5. En esencia, ¿cuál era la función de un apóstol?

6 Hay un aspecto especial del apostolado de Pablo que los siguientes versículos mencionan en común. ¿Cuál es? Hechos 22:21, Romanos 11:13, Gálatas 1:16, 2:9.

Más que los detalles de lo que ocurrió en cada ciudad, lo que nos interesa en esta lección es la estrategia misionera de Pablo. Para lograrlo, será necesario hacer un análisis del alcance de cada viaje.

7 En el Cuadro de la siguiente página haremos un resumen de los datos del primer viaje, junto con las citas de Los Hechos donde encontramos esta información. Anote las ciudades que visitó, y la provincia (o región) donde se encuentran. A veces el texto menciona provincias por las cuales Pablo estuvo de paso, pero estas no las incluiremos en el cuadro. En la última columna indique si en esa ciudad evangelizaban (ponga E) o si simplemente pasaron por ella (deje el espacio en blanco).

8 En el mapa (página siguiente), anote con letras mayúsculas, los nombres de las provincias o regiones, y con letras minúsculas los nombres de las ciudades mencionadas en el Cuadro.

A veces puede haber un poco de confusión entre las regiones y las provincias romanas. *Pisidia*, por ejemplo, era una región que formaba parte de la provincia romana de Galacia. Las regiones, como Pisidia o Panfilia, habían recibido sus nombres antes de la conquista romana, y conservaban su identidad aún después de la organización provincial romana.

En los mapas de la Biblia Reina-Valera no se indica *Atalia*, que servía de puerto para la ciudad de Perge, y estaba en la salida del río que pasaba por aquella ciudad.

Una vez que haya indicado las regiones/provincias y ciudades, trace en *color* la ruta del primer viaje misionero.

Vimos en los primeros 12 capítulos de Los Hechos que los creyentes de Jerusalén evangelizaban, y no sólo lo hacían en su ciudad.

9 Según lo que podemos ver en los Hechos, ¿hasta dónde había llegado el evangelio debido a sus esfuerzos?

CUADRO - PRIMER VIAJE

Citas	Ciudad	Región o provincia	Actividad

10 La obra que esos creyentes realizaban era importante, sin embargo, tuvo poco alcance. En contraste con ellos, Pablo en su primer viaje evangelizó en por lo menos _____ ciudades importantes, que representaban _____ regiones.

11 Es importante notar que aparentemente, los apóstoles obraban según un plan predeterminado.

   a] En general, ¿cómo comenzaban su obra en cada ciudad? Dé alguna evidencia específica.

b] ¿Por qué le parece que comenzaban así?

12 Revise de nuevo los pasajes que indican que Pablo entró en la sinagoga para predicar. Notamos que nombran tres clases, o grupos de personas que le oyeron allí. ¿Quiénes eran?

a]

b]

c]

13 En general, ¿cómo recibieron su mensaje esos grupos?

a]

b]

c]

14 A la luz de estos datos, explique por qué no hay contradicción entre las contestaciones a las preguntas 6 y 11.

15 ¿Hay alguna lección estratégica de Pablo que podemos aplicar a nuestra evangelización?

16 En este primer viaje, regresaron por el mismo camino, y con una excepción, visitaron los mismos lugares. ¿Cuáles son las tres cosas principales que hicieron durante su regreso?

a]

b]

c]

No hay indicaciones claras en cuanto a la duración del primer viaje, aunque seguramente duró más de un año, y puede haber llegado a casi dos.

17 A primera vista, es sorprendente que Pablo hubiera constituído ancianos en iglesias tan jóvenes como las fundadas en el primer viaje. ¿Le parece que fue o no apresurado? Explique.

El segundo viaje

18 Haga ahora para el segundo viaje, el trabajo que hicimos para el primero (ver encuadro de la siguiente página), y recuerde que hay que anotar las *ciudades* que visitó, y la provincia o región donde se encontraba dicha ciudad.

Misia era una región del noroeste de Asia, que incluía a Troas y probablemente Pérgamo. *Samotracia* era una isla pequeña entre Asia y Macedonia. *Apolonia* era un pueblo entre Filipos y Tesalónica.

EL SEGUNDO VIAJE

Citas	Ciudad	Región o provincia

19 Con otro color, trace la ruta del segundo viaje en el mismo mapa.

20 En cuanto al segundo viaje:

    a] ¿Con qué propósito salieron?

    b] ¿Lograron su objetivo? Explique.

    c] ¿Qué cambió su intención inicial?

21 ¿Qué provincias o regiones *nuevas* alcanzaron en el segundo viaje?

El tercer viaje

El segundo viaje misionero habrá durado unos 3 años (48-51), incluyendo una estadía de un año y medio en Corinto (Hechos 18:11). Después de un tiempo en Antioquía con la iglesia, salieron en otro viaje de unos seis años, que incluyó una temporada de por lo menos dos años en Efeso (Hechos 19:10).

22 ¿Cuál pareciera haber sido el propósito del tercer viaje?

23 Haga una lista de las provincias o regiones que Pablo visitó en su tercer viaje. No incluya los lugares que tocó en su viaje a Jerusalén (20:13 a 21:1). *Frigia* era la parte central de la provincia de Asia; correspondían a ella las ciudades de Colosa, Laodicea y Antioquía de Pisidia.

a]

b]

c]

d]

e]

f]

24 ¿Qué áreas no había visitado antes?

25 ¿Por qué en este tercer viaje alcanzó muy pocas áreas nuevas?

Algunas conclusiones

Para Pablo, la obra misionera no sólo era evangelizar, sino también fundar iglesias y cuidarlas. Es importante notar que visitaba, cuando le era posible, repetidas veces a las iglesias que él mismo había fundado.

26 Hay otro dato importante que debemos observar aquí. Contraria-
mente a nuestra práctica, parece que Pablo nunca trabajó solo.
Busque en los relatos de los viajes de Pablo, e indique a continuación los nombres de las personas que lo acompañaban y ayudaban
en su obra. Dé la cita donde se encuentra el nombre (por primera
vez en cada viaje).

Primer viaje

Cita	Nombre
a -	
b -	

Segundo viaje

a -	
b -	
c -	

Tercer viaje

Cita	Nombre
a -	
b -	
c -	
d -	
e -	
f -	
g -	
h -	
i -	

27 ¿Le parece que esa práctica de Pablo es algo que debemos imitar? ¿Cómo?

Veamos ahora el capítulo 15 de Romanos, libro que Pablo escribió en la parte final de su tercer viaje, y probablemente durante una estadía de tres meses en Corinto. En este capítulo Pablo nos da una definición de sus metas. Nos interesan ahora los versículos 18 a 29.

28 ¿Cuáles son las dos pautas que seguía Pablo en su obra misionera, según Romanos 15:20,21?

a]

b]

29 Observe los vv. 19 y 23. (Ilírico es la provincia que linda con Macedonia en su frontera norte, y se extiende por la costa hacia el noreste) ¿Por qué Pablo dice que no tenía nada más que hacer en las regiones donde había viajado, ya que eran extensas y había pasado muy poco tiempo en ellas?

30 ¿Cuál es la nueva área que Pablo esperaba alcanzar?

31 Se ve que Pablo quería hacer dos visitas antes de iniciar su trabajo en esa nueva región.
a] ¿Por qué quería visitar Jerusalén?

b] ¿Por qué quería visitar Roma?

32 Hemos examinado varias faces de la obra misionera de Pablo. De todos estos datos, podríamos sacar varios principios que al parecer él siguió. Revise nuevamente esta lección, y anote a continuación un *mínimo* de cinco principios generales, siguiendo el ejemplo dado.
a] Pablo siempre trabajaba en equipo.

b]

c]

d]

e]

f]

g]

33 ¿Cuál de estos principios hace más falta en nuestra evangelización? ¿Cómo lo podemos aplicar?

10 *El Espíritu Santo*

El tema del Espíritu Santo en Los Hechos es de fundamental importancia, hasta tal punto que algunos comentaristas han sugerido para el libro el título de "Los Hechos del Espíritu Santo". Pero a la vez es un tema difícil y muchas de las controversias entre cristianos acerca del Espíritu Santo surgen por diferencias de interpretación de las experiencias que nos cuenta Lucas.

No podemos pretender en esta guía resolver esos problemas. Para hacerlo, tendríamos que realizar un estudio a fondo de muchos otros pasajes del Nuevo Testamento. El propósito de esta lección es examinar la función del Espíritu Santo en la expansión y vida de la iglesia primitiva, tal como lo vemos en Los Hechos.

Las bases

La enseñanza principal del Señor en cuanto al Espíritu la encontramos en Juan capítulos 14 a 16. Por lo tanto comenzaremos nuestro estudio con un repaso de estos capítulos.

1 Generalmente usamos el título "el Espíritu Santo", pero el Señor en Juan utiliza además, otros dos nombres. ¿Cuáles son?

Versículo	Título
a]	
b]	

2 Según las palabras de Jesús, ¿de dónde viene el Espíritu?

3 En el capítulo 14 (de Juan) el Señor da una sugerencia acerca de quién es el Espíritu. En la pregunta 1 vimos que tiene tres títulos, pero ¿quién es esa persona según los vv. 17,18 y 28?

Jesús habló varias veces acerca de cuál sería la obra del Espíritu, tanto en el mundo, como en la iglesia.

4 Tomando en cuenta lo que dijo en Juan capítulos 14 a 16, ¿cuál iba a ser la obra del Espíritu en el mundo no cristiano?

Jesús también habló varias veces acerca de la obra del Espíritu en los discípulos (Juan 14 a 16), aunque a veces se repite una misma idea endiferentes palabras.

5 Haga un resumen de lo que dijo en cuanto a la obra del Espíritu en la iglesia, utilizando como máximo cuatro aspectos (puede haber menos).

a]

b]

c]

d]

6 En una lección anterior hablamos de la "promesa del Padre", y vimos cómo el Espíritu formó en el día de Pentecostés un nuevo pueblo. Según Hechos 1, ¿cuál sería la obra del Espíritu en ese pueblo?

7 Varios comentaristas han indicado el contraste entre la manera de actuar de Pedro antes de Pentecostés, y su conducta posterior,

como una demostración de esa obra. Explique qué se quiere decir
con esto.

8 En base a las preguntas 1 a 7 de esta lección:
  a] ¿Qué evidencias deberíamos ver en la iglesia que comprueben la
  presencia del Espíritu?

  b] Dé ejemplos específicos de esas evidencias en la iglesia de Jerusalén.

9 ¿Son las mismas evidencias que debemos ver en nuestras iglesias?
Explique.

El bautismo en el Espíritu

En una lección anterior, vimos que uno de los verbos que describe la relación dinámica entre el Espíritu y el creyente es "bautizar".

10 "El bautismo en el Espíritu Santo" sólo ocurre dos veces en Los Hechos. Con la ayuda de una concordancia, busque las dos citas.
a] ¿Cuál es la primera cita, y a qué se refiere?

b] ¿Cuál es la segunda cita y a qué se refiere?

] Según estas citas, y lo visto en la lección 3, ¿a qué experiencia de la vida cristiana se refiere "bautizar en el Espíritu Santo"?

Ser lleno del Espíritu

11 Hay otra palabra que describe esa relación, y es "llenar". "Llenar" o "lleno" del Espíritu Santo se menciona varias veces en Los Hechos. En la lista de textos del cuadro (página siguiente), indique la persona (o grupo) que está lleno del Espíritu, y en la tercer columna, los resultados de ser lleno.

12 En base a los datos del cuadro, conteste lo siguiente:
a] ¿Es ser lleno del Espíritu Santo una experiencia única en la vida cristiana, o es algo que se repite? Dé sus razones.

b] ¿Cuál es la evidencia más común de ser lleno del Espíritu?

—> Pregunta 11

Pasaje	Persona/grupo	Evidencia o resultado
2:4		
4:8		
4:31		
6:5		
7:55		
11:24		
13:9		
13:52		

13 Es importante destacar que no hay ningún texto bíblico que nos exhorte a ser bautizados en el Espíritu, pero sí hay exhortaciones a ser llenos del Espíritu (Efesios 5:18).

   a] ¿Cuál es la diferencia entre estas dos experiencias (Busque 1 Corintios 12:13 y recuerde la pregunta 12).

   b] ¿Por qué hay exhortaciones para una y no para la otra?

14 ¿Podemos afirmar en base a la evidencia que tenemos en Los Hechos, que ser lleno es equivalente a ser controlado por el Espíritu? Dé citas bíblicas.

15 ¿Cuál debe ser nuestra experiencia actual: ser bautizados o ser llenos... o ambos? Explique.

Las lenguas

Vamos ahora a estudiar la cuestión de las señales que acompañaban la recepción del Espíritu en Los Hechos. No trataremos de resolver los problemas, como ya explicamos, sino que vamos a fijarnos en el propósito de tales señales.

16 Para agilizar la tarea, haremos un Cuadro de los datos (página siguiente) para así poder encontrar algunos principios generales. Para los textos del Cuadro, indique primero si la recepción del Espíritu iba acompañada con señales (sí o no), y luego, la persona o personas que reciben el Espíritu.

17 ¿Podemos decir, de acuerdo a esta evidencia, que en los tiempos apostólicos la conversión generalmente iba acompañada por señales? Explique.

La mayoría de los comentaristas observan que los cuatro casos donde los nuevos creyentes hablaron en lenguas, eran todos fuera de lo común. Llaman nuestra atención al hecho de que los primeros tres casos

Pasaje	Señales	Personas
2:1-4		
2:41		
8:12-17		
8:37.38		
9:1-19		
10:44-48		
16:32-34		
19:1-7		

corresponden a tres etapas de Hechos 1:8. Veamos brevemente esos tres incidentes, para ver si nos aclaran el propósito de las lenguas.

18 Todas las personas presentes en el día de Pentecostés seguramente hubieran podido entender el arameo o el griego. Sin embargo, el v. 8 implica que oyeron sus propias lenguas nativas. ¿Cuál pudo haber sido el propósito de Dios al hacer esto?

19 Encontramos varios comentarios de parte de la gente (vv. 11-13).
a] Según ellos, ¿cuál es el mensaje que escucharon?

b] ¿Todos lo entendieron?

20 Veamos ahora el caso de los samaritanos en el capítulo 8. Busque la palabra "samaritano" en el diccionario bíblico. Según el punto de vista de los judíos, ¿estos eran gentiles? Explique.

21 Aunque no dice que hablaron en lenguas, es casi seguro que lo hicieron. ¿Por qué podemos afirmar esto?

22 ¿Cuál pudo haber sido el propósito al mandar una delegación desde Jerusalén?

23 ¿Cómo interpretó el grupo de Jerusalén el hecho de que los samaritanos hablaran en lenguas?

24 El tercer caso que debemos ver es el de Cornelio en el capítulo 10. Según el informe de Pedro en 11:1-17, ¿qué significaba para el apóstol el hecho de que hablaran en lenguas?

25 A la luz de estos tres casos, y 1 Corintios 14:21,22 ¿para qué servía el hablar en lenguas en Los Hechos?

26 ¿Nos dan estos datos pautas para entender el lugar que ocupan las lenguas en la iglesia de hoy, o no? Explique.

Conclusión

Sin duda hay muchos otros aspectos que podríamos estudiar acerca de este tema, pero como dijimos al principio, nos limitamos a pensar en el Espíritu Santo con relación a la expansión y vida de la iglesia.

Para concluir, observemos brevemente un pasaje que vimos en la lección 4. El pasaje es Hechos 5:1-11.

27 ¿Qué papel desempeñó el Espíritu en todo este incidente?

28 Observe el resultado que todo esto tuvo en la iglesia. ¿Debe ser el temor una emoción normal en la iglesia? Explique.

No puede haber iglesia sin Espíritu Santo. La vida cristiana comienza con su bautismo, y se vive por su poder. La iglesia es su templo, y los dos, el Espíritu y la iglesia, testifican juntos la realidad de Cristo en este mundo (Jn 15:26,27).

11 *Pablo, apóstol*

Dedicaremos esta lección al personaje principal del libro: Pablo. Ya hemos tocado varios aspectos de su persona y su ministerio, pero queremos unir datos esparcidos por el Nuevo Testamento para tener de él un cuadro más completo.

Su persona

Realmente tenemos poca información en cuanto a su nacimiento y juventud, no obstante, encontramos algunos datos.

1 Busque los siguientes textos, y anote todo lo que aprendemos en cuanto a su nacimiento y juventud. Hechos 21:39, 22:3, 22:25-28, 26:4, Romanos 11:1.

En cuanto a su apariencia física, tampoco sabemos mucho. Uno de los libros apócrifos (Hechos de Pablo y Thecla) lo describe en esta forma:

Y vio acercarse a Pablo, un hombre de poca estatura, con esparcidos pelos en la cabeza, piernas torcidas, cuerpo robusto, cejas que se juntaban, y una nariz algo ganchuda, lleno de gracia; porque a veces parecía un hombre, y a veces tenía cara de ángel.

2 ¿Qué sugieren 1 Corintios 2:3 y 2 Corintios 10:10 con respecto a su apariencia?

2 Corintios 12:7-9 menciona lo que muchos piensan que era un defecto, o dolencia física de Pablo.

3 No sabemos qué puede haber sido, aunque Hechos 23:2-5 (¿Por qué no reconoció al sumo sacerdote?), Gálatas 4:15 y Gálatas 6:11 sugieren una posibilidad. Explique.

4 ¿Cuál es la lección importante que podemos aprender de esa debilidad de Pablo, según 2 Corintios 12? Explíquelo en sus propias palabras.

5 ¿Ha experimentado usted también alguna debilidad o un problema que haya dado lugar a la cLara actuación de Dios en su vida? Explíquelo al grupo.

Su conversión

6 Busque ahora los siguientes textos, y anote todo lo que aprendemos de Pablo en cuanto a su vida antes de su conversión. Hechos 7:58, 22:4,5, 23:6, 26:10, Filipenses 3:5,6.

Aunque los datos no son muchos, ofrecen un cuadro de un hombre fogoso, que luchó contra diversos obstáculos para alcanzar rápidamente una posición de autoridad y privilegio en su pueblo. Dudamos que alguien hubiera visto en él un buen candidato para la evangelización. Sin embargo, el Señor lo buscó. La conversión de Saulo de Tarso es una historia muy conocida, pero hay algunos aspectos que queremos explorar.

7 Encontramos a Saulo por primera vez en 7:58-8:3.
   a] ¿Cuál habrá sido el impacto que causó la muerte de Esteban en la vida de Saulo?

b] ¿Hay alguna evidencia en el relato de su conversión (Hch 9) que indica que el evangelio ya había penetrado alguna vez en su vida?

8 La conversión de Saulo es única en varias maneras. Por ejemplo, ¿por qué motivo el Señor lo habrá dejado ciego por tres días?

9 El hecho de que el Señor se le apareciera personalmente es algo que luego Pablo menciona varias veces. En base a su propio testimonio sobre su conversión en los capítulos posteriores de Los Hechos, ¿por qué el Señor se le apareció de esa manera?

10 Otra cosa muy particular de la conversión de Saulo es el papel que jugó Ananías. Piénselo bien. ¿Por qué fue necesaria la participación de Ananías en el caso de Saulo?

Ya vimos el llamado de Pablo en Hechos 13 y su consecuente salida como misionero. Pero es importante tomar en cuenta los años entre su conversión y Hechos 13.

11 Según Hechos 9, 11 y Gálatas 1, haga un esquema cronológico de la vida de Saulo durante esos años.

12 ¿De qué manera sirvieron esos años de necesaria preparación para la obra posterior de Pablo?

13 ¿Le parece que nosotros también necesitamos una preparación semejante para servir al Señor? ¿Es *posible* para nosotros tener una experiencia parecida?

Pablo en Jerusalén

Según Lucas, Pablo terminó su tercer viaje en Jerusalén, prisionero de los judíos.

14 Indique por lo menos dos razones del último viaje de Pablo a Jerusalén.

15 Vemos que más de una vez los hermanos querían disuadir a Pablo de ir a Jerusalén.

a] ¿Por qué?

b] ¿Por qué él no les hizo caso?

Al llegar a Jerusalén, vemos que lo primeroque hizo Pablo fue entrevistarse con los ancianos de la iglesia. Se regocijaron con su informe, pero en seguida la situación se complicó.

16 ¿Lo de Hechos 21:21 era aprobación o acusación? Explique.

17 ¿Le parece que Pablo hizo bien en acceder a la sugerencia del v. 24? ¿Por qué?

18 ¿Hay una aplicación para nosotros en su experiencia?

Dada la situación cultural y social de Jerusalén, es fácil entender por qué arrestaron a Pablo. Los Romanos apoyaban la ley del templo, según la cual ningún gentil podía penetrar en él, más allá de ciertos límites. Y aunque la acusación de los vv. 28 y 29 era falsa, fue suficiente para lograr levantar al pueblo en alboroto. Vemos que Pablo obtuvo permiso para hablar a la multitud después de su arresto.

19 Note que no pudo terminar el discurso.
    a] ¿Qué dijo para crear esa reacción de parte de la multitud?

    b] ¿Por qué reaccionaron en ese momento, y no lo hicieron frente a lo que dijo en el v. 8?

Pablo recibió buen trato de parte de los soldados por ser ciudadano romano, y evitó la tortura de los azotes (v. 24, castigo que dejaba a la víctima deformada o muchas veces muerta). Luego lo llevaron a Cesarea para evitar la violencia de los judíos, y allí tuvo oportunidad de testificar.

20 Note 25:11. Explique por qué Pablo "apeló a César". Hay más de una razón.

Pablo en Roma

21 Lucas termina su relato con Pablo en Roma. En resumen, ¿cuál era su situación y actividad en ese lugar?

22 Si Pablo escribió la carta a los Filipenses durante su cautiverio en Roma, ¿qué nuevo detalle aprendemos de su labor allí? (Filipenses 1:12-14 y 4:22)

Muchas personas piensan que Pablo estuvo dos veces prisionero en Roma. Es decir, que dEspués de los dos (o más) años de Hechos 28, Pablo salió en libertad y pudo trabajar un tiempo más, antes de su último encarcelamiento y la posterior muerte.

23 ¿Qué nos dicen los siguientes textos en cuanto al tiempo que estuvo como prisionero?
a] Filipenses 1:12,13,25 y 2:23,24

b] Filemón 1,9,22

c] 2 Timoteo 1:16,17 y 4:6-8

d] ¿A qué conclusión llegamos haciendo una comparación de estos tres libros?

Conclusión

Apenas hemos tratado algunos aspectos de la vida de este gran hombre, y en Los Hechos y las Epístolas hay más datos que ampliarían el cuadro que vimos. Pero ya tenemos una idea de quién era y qué hizo.

24 Como último ejercicio, hagamos un bosquejo de la persona de Pablo.

Era un hombre utilizado por Dios, y Dios lo utilizó como hombre, como ser humano con toda su complejidad. En la página siguiente, entonces, haga una lista de las características principales de Pablo (pueden no ser muchas). Usando el texto de Hechos y su propia explicación, diga por qué nombra esa característica. Si por ejemplo, dice que era "muy bueno" (un término demasiado generalizado, pero que ponemos como ejemplo), deberá además dar el texto de Los Hechos y la razón por la cual menciona esa cualidad.

25 En resumen ¿cómo era Pablo como Persona?

Más de una vez Pablo dice a los lectores de sus cartas que debían ser imitadores de él.

26 Ya que le conocemos mejor, ¿en qué le debemos imitar nosotros?

Como ya sugerimos, es probable que Pablo recobró su libertad después de dos años en Roma. Quizás tuvo unos cuatro años más de ministerio, que según la tradición, incluiría un viaje a España. Luego en el año 67 fue muerto por Nerón. Pablo es un buen ejemplo de un hermano que "peleó la buena batalla, acabó la carrera, guardó la fe" y como resultado, le espera su corona (2 Timoteo 4:7,8).

Característica	Razón

12 *Estudio de un tema*

En esta lección haremos algo distinto. Hasta ahora le hemos provisto los datos necesarios, o por lo menos, le hemos indicado el lugar donde encontrarlos. Pero esta vez usted mismo tendrá que buscar la información necesaria para hacer la lección. Estudiaremos el tema: "La influencia del judaísmo en la iglesia de Jerusalén". Esto era algo muy particular a esa ciudad, aunque tuvo sus consecuencias inevitables en las otras iglesias.

Concilio de Jerusalén

Comencemos con un análisis del concilio de Jerusalén, ya que es un hecho muy revelador del tema que investigaremos (repase bien Hechos 15).

1 ¿Por qué fue necesario el concilio de Jerusalén?

2 Los que originaron el problema, ¿tenían o no la aprobación de Jerusalén? Explique.

3 ¿Cuál de los siguientes términos señala mejor la naturaleza del problema: nacionalismo judío, fanatismo religioso o intolerancia sectaria? ¿Por qué?

4   Note que los fariseos presentes exigieron la circuncisión y obedien-
cia a la ley de Moisés.
 a] ¿Le parece que esos fariseos eran creyentes? ¿Por qué?

 b] ¿Por qué insistieron en la circuncisión?

Aunque parece que discutieron el problema durante un largo tiempo (vv. 7,12) tenemos el contenido de solamente dos discursos, y es
muy probable que Lucas los haya escrito en forma resumida.

5   ¿Cuál es, en esencia, el argumento de Pedro?

6   ¿Cuál es el argumento de Jacobo?

7   ¿Están ellos de acuerdo en sus conclusiones?

La solución que propone Jacobo ha sido motivo de mucha discusión.

8 ¿Le parece que Jacobo buscó en la discusión un equilibrio entre las dos posiciones? Explique.

9 Observe el "Porque" con el que comienza el v. 21. ¿De qué manera este versículo es una explicación de la solución de Jacobo?

10 ¿Piensa que fue difícil para los creyentes gentiles cumplir con aquellas cuatro reglas? ¿Por qué?

11 ¿Cuál era la naturaleza de la carta que enviaron a las iglesias? ¿Era un mandato, una sugerencia, o qué cosa?

12 ¿Le parece que esta carta es para nosotros también, o no? Explique.

13 Algunos comentaristas han señalado al concilio de Jerusalén como uno de los momentos decisivos en la vida de la iglesia. ¿Por qué?

14 ¿Hay algo que podemos aprender de Hechos 15 en cuanto a cómo resolver conflictos en la iglesia?

La investigación

Pasemos ahora al estudio del tema que mencionamos al comienzo de esta lección. Según este planteo: había una tendencia en Jerusalén hacia una iglesia dominada por el judaísmo. Ciertas causas dentro de la misma iglesia la impulsaban en esa dirección. Y también hay evidencias en las Epístolas que esa inclinación de la iglesia en Jerusalén tuvo sus efectos aún en las de otras ciudades. Su tarea será buscar los datos necesarios para comprobar todo lo planteado.

15 Busque primero en todo el libro de Los Hechos, evidencias de que aún había creyentes que seguían aferrados al judaísmo. Anote en el espacio que sigue, los pasajes que indican lo que creían, y hacían. Le damos un ejemplo.

10:45   Los creyentes que acompañaban a Pedro son llamados "los fieles de la circuncisión".

16 Haga ahora un resumen de estos datos.

17 Anote ahora todos los textos que pueden explicar el *origen* de tal tendencia. Otra vez damos un ejemplo.

    6:7   Muchos sacerdotes creyeron.

18 Haga también aquí un resumen con los datos que obtuvo.

    Busque ahora evidencias de cuál pudo haber sido la influencia de la iglesia de Jerusalén sobre las otras iglesias. Para hacer esta tarea, tendrá que investigar en las Epístolas.

    Las citas al pie de la página de su Biblia, y una concordancia le darán datos para esta parte. Busque las palabras claves como "Jerusalén", "circuncisión", "ley" u otras que encuentra en su investigación. Lo que se trata de encontrar es toda información en cuanto a la influencia, o intervención, de los judaizantes de la iglesia de Jerusalén en las otras iglesias.

19 Anote en este espacio los datos que encuentre.

20 Haga también aquí una síntesis de las conclusiones que ha sacado.

Las conclusiones

21 En base a los textos que anotó en las preguntas anteriores, y la investigación que ha hecho, haga un resumen de las doctrinas o enseñanzas particulares a la iglesia de Jerusalén, y que la distinguía de las otras iglesias. ¿Cuál era la doctrina de los "judaizantes"?

22 Según su investigación, ¿cuáles pudieron haber sido los factores principales que dieron a la iglesia de Jerusalén su carácter de "secta judía"?

23 Según lo que ha visto, ¿le parece que la intervención de la iglesia de Jerusalén en las otras iglesias obedecía a una política suya, o era solamente el resultado del celo de algunos hermanos? Explique por qué llega a esa conclusión.

24 ¿Cómo le parece que era la vida cristiana para los creyentes que insistían en la ley? ¿Cómo verían la relación entre su fe antigua y nueva? ¿Cómo habrá sido el evangelio para ellos?

La iglesia de Jerusalén nos ofrece un buen ejemplo de un fenómeno común: el de la iglesia que se aferra a una verdad en particular de tal manera que se distorsiona, se desvía del camino principal.

25 ¿De qué manera puede ocurrir lo mismo actualmente?

26 ¿Cómo lo podemos evitar?

Según la historia, la iglesia de Jerusalén huyó antes de la destrucción de la ciudad en el año 70. Fue a la zona de Decápolis (Mr 5:20, 7:31), donde seguía llamándose "la iglesia de Jerusalén". No fueron aceptados por los judíos, por seR "apóstatas" de la verdadera fe. Tampoco fueron aceptados por las otras iglesias, por ser "herejes". No obstante, sobrevivió apenas, hasta el siglo séptimo, cuando fue borrada por la invasión del Islam, lo que llega a ser el cumplimiento literal de lo que dijo el Señor en Marcos 2:21,22.

Cuadro de contenido

1	2	3	4	5	6
1	1-5	La promesa del Espíritu			
	6-11	La ascención	A	Jerusalen	
	12-24	Elección del sucesor de Judas			
2	1-13	La venida del Espíritu santo			
	14-47	Primer discurso de Pedro			
3	1-10	Curación de un cojo			
	11-26	Segundo discurso de Pedro			
4	1-22	Pedro y Juan ante el concilio			
	23-31	Los creyentes piden confianza y valentía			
	32-37	Todas las cosas en común			
5	1-11	Ananías y Safira			
	12-16	Muchas señales y maravillas			
	17-42	Pedro y Juan son persiguidos			
6	1-7	Elección de los siete diáconos			
	8-15	Arresto de Esteban			
7	1-60	Defensa y muerte de Esteban			
8	1-3	Saulo persigue a la iglesia			
	4-25	Predicación del evangelio en Samaria			
	26-40	Felipe y el etíope			
9	1-19	Conversión de Saulo			
	20-22	Saulo predica en Damasco			
	23-25	Saulo escapa de los judíos			
	26-31	Saulo en Jerusalén			
	32-35	Curación de Eneas			
	36-43	Dorcas es resucitada			
10	1-33	Pedro y Cornelio			
	34-43	Discurso de Pedro en la casa de Cornelio			
	44-48	Los gentiles reciben el Espíritu Santo			
11	1-18	Pedro informa a la iglesia de Jerusalén			
	19-30	La iglesia en Antioquía			

12	1-5	Jacob muerto; Pedro encarcelado			
	6-19	Pedro es librado de la cárcel			
	20-25	Muerte de Herodes			
13	1-3	Primer viaje misionero de Pablo			
	4-12	Predicación en Chipre			
	13-52	Predicación en Antioquía de Pisidia			
14	1-7	Predicación en Iconio			
	8-23	Pablo es apedreado en Listra			
	24-28	Regreso a Antioquía de Siria			
15	1-35	La asamblea en Jerusalén			
	36-41	Segundo viaje misionero de Pablo			
16	1-5	Timoteo acompaña a Pablo y Silas			
	6-10	La visión del varón macedonio			
	11-40	Encarcelados en Filipos			
17	1-9	El alboroto en Tesalónica			
	10-15	Pablo y Silas en Berea			
	16-34	Pablo en Atenas			
18	1-21	Pablo en Corinto			
	22-23	Tercer viaje misionero de Pablo			
	24-28	Apolos predica en Éfeso			
19	1-22	Pablo en Éfeso			
	23-41	El alboroto en Éfeso			
20	1-6	Viaje de Pablo a Macedonia y Grecia			
	7-12	Visita de despedida de Pablo en Troas			
	13-16	Viaje de Troas a Mileto			
	17-38	Discurso de despedida de Pablo en Mileto			
21	1-16	Viaje de Pablo a Jerusalén			
	17-36	Arresto de Pablo en el Templo			
(22)	37-5	Defensa de Pablo ante el pueblo			
	6-16	Pablo relata su conversión			
	17-21	Pablo es enviado a los gentiles			
	22-29	Pablo en manos del comandante			
(23)	30-11	Pablo ante del Concilio			
	12-22	Complot contra Pablo			

	23-35	Pablo enviado a Félix el gobernador			
25	1-12	Pablo apela a César			
	13-27	Pablo ante Agripa y Berenice			
26	1-3	Defensa de Pabo ante Agripa			
	4-8	Vida anterior de Pablo			
	9-11	Pablo es persiguidor			
	12-18	Pablo relata su conversión			
	19-23	Pablo obedece a la visión			
	24-32	Pablo insta a Agripa a que crea			
27	1-12	Pablo es enviado a Roma			
	13-38	La tempestad en el mar			
	39-44	El naufragio			
28	1-10	Pablo en la isla de Malta			
	11-16	Pablo llega a Roma			
	17-31	Pablo predica en Roma			

Cómo utilizar este cuaderno

Este cuaderno es una *guía de estudio*, es decir, su propósito es guiarle a usted para que haga su propio estudio del tema o libro de la Biblia que desarrolla este material.

El cuaderno propone un diálogo. En él introducimos el tema, sugerimos cómo proceder con la investigación, comentamos, pero también preguntamos. Los espacios después de las preguntas son para que usted anote sus respuestas.

Esperamos que, por medio del diálogo, le ayudemos a forjar su propia comprensión del tema. No de segunda mano, como cuando se escucha un sermón, sino como fruto de su propia lectura e investigación.

¿Cómo hacer el estudio?

1 - Antes de comenzar, ore. Pida ayuda a Dios para que le hable y le dé comprensión durante su estudio.

2 - Se deben leer los pasajes bíblicos más de una vez y preguntarse: ¿Qué dice el autor? Aunque muchos utilizan la versión Reina-Valera de la Biblia, conviene tener otra versión o versiones disponibles para comparar los pasajes entre ellas. La "Versión Popular" y la "Nueva Versión Internacional" le pueden ayudar a ver el pasaje con más claridad.

3 - Siga con la lectura de la lección. Responda lo mejor que pueda a las preguntas.

4 - Evite la tendencia de "apurarse para terminar". Es mejor avanzar lentamente, pensando, preguntando, aclarando.

En grupo

El estudio personal es de mucho valor, pero se multiplican los beneficios si lo acompaña con el estudio en grupo. Un grupo de hasta 8 personas es lo ideal. Pero, puede ser que por diferentes motivos el grupo esté formado por usted y una persona más; aun así, es mejor que estudiar solo.

En realidad, estos cuadernos han sido diseñados con ese motivo: estimular el estudio en células, en grupos pequeños.

La manera de hacerlo es fácil:

1 – **Haga usted en forma personal una de las lecciones del cuaderno**. Aun cuando pueda haber cosas que no entienda bien, haga el mayor esfuerzo posible para completar la lección.

2 - **Luego se reúnese con su grupo**. En el grupo compartan entre todos las respuestas a cada pregunta. Puede ser que no tengan las mismas respuestas, pero, comparando entre todos, las van aclarando y corrigiendo.

Es durante este compartir semanal de una hora y media, este diálogo entre todos, donde se encuentra la verdadera riqueza que nos provee esta forma de estudio.

3 - **Evite salirse del tema**. El tiempo es oro, y lo más importante es enfocar todo el esfuerzo del grupo en el tema de la lección. Luego, pueden dedicar tiempo para conocerse más y tener un rato social.

4 - **Participe**. Todos deben participar. La riqueza del trabajo en grupo es justamente eso.

5 - **Escuche**. Hay una tendencia de apurar nuestras propias opiniones sin permitir que el otro termine. Vamos a aprender de cada uno, aun de los que, según nuestra opinión, estén equivocados.

6 - **No domine la discusión**. Puede ser que usted tenga todas las respuestas correctas, sin embargo es importante dar lugar a todos, y estimular a los tímidos a participar. No se trata de sobresalir, sino de compartir aprendiendo juntos.

Si en el grupo no hay una persona con experiencia en coordinarlo, se puede encontrar ayuda para dirigir un grupo en:

1 - Nuestra página web, www.edicionescc.com. La sección "Capacitación" ofrece una explicación breve del método de estudio.

2 - En las últimas páginas de nuestro catálogo ofrecemos también una orientación.

3 - El cuaderno titulado "Células y otros grupos pequeños" es un curso de capacitación para los que desean aprender cómo coordinar un grupo.

4 - Hay algunas guías que disponen de un cuaderno de sugerencias para el coordinador del grupo.

Finalmente diremos que las guías no contienen respuestas a las preguntas, ya que el cuaderno es exactamente eso, una guía, una ayuda para estimular su propio pensamiento, no un comentario ni un sermón. Le marcamos el camino, pero usted lo tiene que seguir.

Que el Señor lo acompañe en esta tarea y, si necesita ayuda, comuníquese con nosotros. Estamos para servirle.

Titulos de la serie Introducción a la Biblia
El mundo bíblico (avanzado)
Estudio bíblico (avanzado)
Mensaje del Antiguo Testamento

Titulos de la serie Estudio Bíblico
Génesis (avanzado)
Josué
Job
Doce profetas
San Marcos
El Sermón del Monte
El Padrenuestro
San Juan
Los Hechos (avanzado)
Romanos
1 Corintios (avanzado)
Gálatas
Efesios
Filipenses
Colosenses
1 Tesalonicenses
1 Timoteo
Tito
Filemón
Hebreos
Santiago
1 Pedro
Apocalipsis (avanzado)

Para más información:
www.edicionescc.com
oficina@edicionescc.com

Para comprar en Amazon:
busque "edicionescc"

www.ingramcontent.com/pod-product-compliance
Lightning Source LLC
Chambersburg PA
CBHW081214020426
42331CB00012B/3026